旅するJ's Kitchen アジア料理編

塩川純佳

講談社エディトリアル

はじめに

　旅することが大好きで、これまで国内はもちろん、アメリカやヨーロッパ、そして東南アジアの国々など、いろいろなところに足を運びました。旅の一番の目的は「おいしいものを食べに行く」こと。料理することも食べることも好きだった母、10代から食べ歩きが大好きな私、そして私の娘と三世代で、食の旅にもよく出かけました。食べることが好きになったのは、私の実家が製糖業を営んでいて、まわりにとびきりの食いしん坊たちが多い環境で育ったせいかもしれません。

　そんな私が海外の食に興味を持つようになったのは、姉の存在が大きく影響しています。若くしてタイに渡り、日本料理店を経営していた姉を訪ねてタイに通うようになり、はじめて海外の料理のおいしさを知ったのです。「ガパオってどう作るの?」と、好きな料理は現地の人たちに作り方を聞き、帰国後、早速作ってみました。その頃はタイの食材は入手しづらく、日本の食材で代用するなど、「どうしたらあの味に近づけるか」を考えるのが楽しかったのを覚えています。

　18歳から23歳まで料理の先生について学び、「いつか自分も料理を教える人になりたい」と思うようになり、子育て中、ママ友にふるまった料理の作り方を教えるところから、徐々に形になっていきました。

　東京都内で料理教室をはじめて20年。長年通ってくださる生徒さんに支えられて、大好きな東南アジアの料理から、アメリカやヨーロッパの料理、そして日本のおそうざいに至るまで、レシピ数は2200点を超えました。20周年という節目の年に「レシピを形にしてみたら?」という言葉に押されて、私の料理の原点でもあるタイをはじめとするアジアの味を1冊にまとめました。

　今でも旅先で食べたものを「これは何が入っているかな?」と考えを巡らせ、何度も試作して味を近づけていく工程がとても好きで、味の再現性の高さは自分の特技だとも思っています。食べた味をベースに、私ならこうするという調味料を加えたりしながら、自分のレシピを作ってきました。

　行ってみたかったレストラン、探して訪れた食堂の一皿、そして食べ歩きも楽しい屋台の味などを集めています。旅した気分で、各国の本場の味を楽しんでいただけたら幸いです。

塩川純佳

J's Kitchen　目次

台湾・中国料理

シンガポール・マレーシア料理

この本について

◉材料は4人分、または作りやすい分量となっています。
◉カップ1＝200㎖、大さじ1＝15㎖、小さじ5㎖、1合＝180㎖で計量しています。
◉各レシピの加熱時間は目安です。状態を見て加減してください。
◉調理油には米油を使用していますが、サラダ油で代用しても構いません。
◉小麦粉は薄力粉を使用しています。
◉特に記載のない場合の火加減は中火です。

この本で使用している
調味料、ハーブについて

現地で食べたおいしさを再現するため、日本国内で入手できる範囲で現地の調味料やハーブを使用しています。現地の調味料については、コラムとして紹介しているので、ご参照ください。

日本の調味料で代用できるものもありますが、その国の調味料を使うと、現地の味にグンと近づきます。カルディなど、輸入食材のお店などで入手可能なものも。私は東京・新大久保のタイ、アジア食品専門店「アジアスーパーストアー」をよく利用しています。オンラインでも購入可能です。
アジアスーパーストアー
https://www.asia-superstore.com

ハーブ、タイ野菜は、千葉県にある株式会社テラ・マードレから購入しています。本書で使用しているハーブは巻末にまとめて紹介しています。

タイ料理

タイは私に外国の料理のおいしさを教えてくれた、一番思い入れのある国。辛い・すっぱい・甘い要素がひとつの料理に詰まっていて、複雑な味を生み出します。何度も訪れ、料理もよく知っていますが、昔ながらの伝統料理から、最近人気のフュージョンまで奥行きが深く、今でも新しい味の発見がある大好きな国なのです。

ヤムウンセン［春雨のサラダ］

タイではとてもポピュラーなサラダです。使う調味料や配合などを変えて、毎年少しずつ味をアップデートしていますが、これはこれまでの中で一番気に入っているレシピ。私の料理教室でも人気です。マナオのさわやかな酸味と生の赤唐辛子のピリッと辛いアクセントが効いています。春雨も具材もゆでたてをあえて、あたたかいうちに食べるのがおいしいのです。

材料 4人分
緑豆春雨(乾燥)…100g
干しえび…30g
きくらげ(乾燥)…10g
赤玉ねぎ…⅓個
セロリ(葉つき)…¼本
細ねぎ…2本
むきえび…12尾
いか(胴の部分)…1尾分
豚ひき肉…40g
パクチー…4本
生赤唐辛子…2〜3本　★p.14参照
◎ナムチム(合わせだれ)
　ナムプラー…大さじ4弱　★下記参照
　マナオ果汁…大さじ4　★下記参照
　きび砂糖…大さじ1½

作り方
1　春雨と干しえびはそれぞれぬるま湯で戻し、春雨は10cm長さに、干しえびはみじん切りにする。きくらげは水で戻し、大きければ食べやすく切る。
2　赤玉ねぎは薄切りにして3cm長さに切る。セロリは葉ごと斜め薄切り、万能ねぎは2cm長さに、パクチーは3cm長さに切る。赤唐辛子は種ごとみじん切りにする。
3　むきえびは背わたを取る。いかは格子状に切り目を入れて、ひと口大に切る。鍋に湯を沸かし、塩適量(分量外)を入れ、むきえび、きくらげ、いか、豚ひき肉をそれぞれざるに入れて、1種類ずつゆでて火を通す。しっかり水けをきる。ゆでた湯はおいておく。
4　ナムチムの材料を大きめのボウルに入れてよく混ぜる。
5　3の鍋に春雨を入れて30秒ほどゆでて、水けをしっかりきる。春雨を4に加え、2と3の具材も加えてよく混ぜる。

ナムプラー

タイの魚醤。魚を塩に漬け込み、発酵させて作る調味料で、凝縮された旨みと深いこくが特徴です。ベトナムのヌクマムも魚醤の一種。

マナオ果汁

タイのライムと言われている柑橘類マナオの果汁。日本のすだちくらいの大きさで、酸味がおだやかでくせがありません。

ポッピアトードクン［えびの揚げ春巻き］

えびにナムプラーで下味をつけ、春巻きの皮で巻いて揚げたシンプルな一皿。カリッと軽やかな食感で、タイビールも進む味。お好みでパクチーの葉をちぎって添えてもいいと思います。たれに使ったスイートプラムソースは、タイではポピュラーな調味料。梅の甘酸っぱい味がして、タイでは揚げ物のたれとしてよく使われています。

材料 4人分

殻つきブラックタイガー（またはバナメイえび）…20尾

◉下味調味料
　ナムプラー…大さじ1　★p.8参照
　こしょう…少々

春巻きの皮…10枚

揚げ油…適量

水溶き小麦粉…適量

◉たれ
　スイートプラムソース（またはスイートチリソース）…適量
　★p.14参照

作り方

1　えびはしっぽを残して殻をむき、下味調味料をもみ込む。

2　春巻きの皮は対角線上に三角形に切る。底辺が手前に来るように置き、三辺の端に水溶き小麦粉をつけ、1枚につきえび1本を巻く。残りも同様に巻く。

3　揚げ油を180℃に熱し、2を入れて皮がこんがり色づいてカリッとするまで揚げて油をきる。器に盛ってたれを添える。

ヤムプラートゥー［あじのサラダ］

タイ語で「ヤム」は「あえる」、「プラートゥー」は鯖の仲間のお魚です。今回はあじで代用して焼いて身をほぐし、生のレモングラスやミント、しょうがなどのハーブや香味野菜を合わせました。あじのあっさりとした旨みと、さわやかなハーブを味わうオイル不使用のサラダです。

材料 4人分

あじ…4尾

しょうが…2かけ

生レモングラスの茎…2本

ミント…適量

細ねぎ…適量

◉合わせ調味料
　ナムプラー…大さじ1　★p.8参照
　マナオ汁…大さじ1/2　★p.8参照
　砂糖…小さじ1
　ピッキーヌ（タイの唐辛子）…2本　★p.14参照

作り方

1　しょうがは皮をむいてごく細いせん切りに、レモングラスはごく薄い輪切りにする。細ねぎは小口切り、ミントは葉を摘む。

2　あじはうろこと腹わたを取って洗い、水けを拭いて軽く塩（分量外）をふって焼く。焼けたら骨と皮を取って身をほぐす。

3　ピッキーヌは種ごとみじん切りにして、合わせ調味料のほかの材料と混ぜ合わせる。

4　ボウルに1（ミントは飾り用を少し取っておく）と2を入れて、3を加えてあえる。器に盛り、飾り用のミントを添える。

ヤムカイダーオ［目玉焼きのサラダ］

両面カリッと揚げ焼きにした目玉焼きをひと口大に切り、トマトなどの野菜と合わせました。なくてはならない味の決め手は生唐辛子。辛みは少なく、青臭い風味があります。この青臭さが卵を引き立ててくれる名脇役なので、ぜひ使ってみてください。なければピーマンで代用しても。

材料 4人分
卵…4個
赤玉ねぎ…½個
トマト…1個
細ねぎ…2本
パクチー…適量
にんにくのみじん切り…少々
米油…適宜(たっぷりめで)
◉合わせ調味料
　生赤唐辛子…2本(またはピーマン½個)
　ナムプラー…大さじ3強　★p.8参照
　マナオ汁…大さじ3強　★p.8参照
　きび砂糖…小さじ1

作り方
1　フライパンに多めの油を熱し、卵を1つずつ割り入れて目玉焼きを作る。揚げ焼きにして、両面を焼いたら、3cm角程度に切る。
2　赤玉ねぎは薄切りにして3cm長さに切る。トマトはひと口大に切り、細ねぎは1cm幅に切る。パクチーは葉をちぎる。
3　赤唐辛子は種ごとみじん切りにして、ボウルに入れ、合わせ調味料のほかの材料と混ぜ合わせる。
4　3ににんにく、1、2(パクチーは飾り用を少し取っておく)を加えてざっくり混ぜて器に盛り、飾り用のパクチーを散らす。

チューチークン［えびのレッドカレー煮込み］

レッドカレーペーストの辛みとココナッツミルクの甘み、バイマックルーがさわやかに香るカレーです。バイマックルーは、刻むとふわっと香りが立って格別の風味になるので、ぜひ生を使ってみてください。葉はかたいので、ごく細いせん切りに。

材料 4人分
殻つきブラックタイガー…8〜12尾
レッドカレーペースト…大さじ1.5
ココナッツミルク…150mℓ
◉A
　ナムプラー…小さじ1½　★p.8参照
　パームシュガー…小さじ1　★p.18参照
　オイスターソース…小さじ½
生バイマックルー(こぶみかんの葉)…3枚
米油…適量

作り方
1　えびはしっぽを残して殻をむき、背わたを取って片栗粉(分量外)をふる。
2　フライパンに油を多めに熱して1を入れ、両面を焼いて取り出す。
3　2のフライパンの油を拭き、レッドカレーペーストとココナッツミルクを入れて火にかける。煮立ったら2を戻し、Aを加えて調味する。器に盛り、葉脈を取ってごく細いせん切りにしたバイマックルーをのせる。

クンパッポンカリー［えびのカレー炒め］

香味野菜とえびをカレー粉で炒め、溶き卵を加えて仕上げます。味の決め手はナムプリックパオというタイのチリペースト。トムヤムクンにも使われる調味料で、干しえびや玉ねぎ、にんにくなどが入っていて、奥行きのある深い旨みを生み出します。タイではバタートーストにのせて食べられているほど、ポピュラーなペーストです。

材料 4～5人分
むきえび…400g
卵…2個
玉ねぎ…½個
セロリ…½本
細ねぎ…5本
生赤唐辛子…4本
ピッキーヌ（タイの唐辛子）…4本　★下記参照
ウイスキー…大さじ2
カレー粉…小さじ2
◉A
　牛乳…150mℓ
　エバミルク…150mℓ
　ナムプリックパオ…大さじ1　★下記参照
　オイスターソース…大さじ2
　こしょう…少々
ごま油（太白）…大さじ3

作り方
1　むきえびは背わたを取る。卵は溶きほぐす。
2　玉ねぎは薄切りに、セロリは斜め薄切りに、細ねぎは5cm長さに切る。
3　中華鍋にごま油を入れて弱火にかけ、種ごとみじん切りにした赤唐辛子、ピッキーヌを入れて炒める。えびも入れて軽く炒め、色づいたらウイスキーを入れてフランベする。いったん火を止めてカレー粉を加えて鍋底から混ぜる。
4　3にAを加えて火をつけ、木べらなどで鍋肌についたうまみをこそげ取りながら煮る。
5　えびに火が通ったら2を加えて1分煮る。味を見て、足りないようならナムプラー、砂糖（各分量外）を足して味を調え、溶き卵を加えて大きく混ぜて半熟に仕上げる。

ナムプリックパオ

干しえびや玉ねぎ、にんにくなどの旨みが凝縮されたタイのチリペースト。甘みも強く、辛みはあまりありません。

ピッキーヌ

タイの唐辛子。タイにはさまざまな唐辛子がありますが、ピッキーヌは長さ2～3cmと小さく、辛みが強いことが特徴です。

生赤唐辛子

青唐辛子が熟したもの。乾燥した赤唐辛子のパンチのある辛みより、やわらかな辛みで繊細な風味があります。

スイートプラムソース

ほんのり梅の風味を感じる甘酸っぱいソース。スイートチリソースに似ています。タイではよく揚げ物につけて食べます。

プーオプウンセン［かにと春雨の蒸し物］

タイ語で「プー」はかに、「オプ」は蒸す、「ウンセン」は春雨という意味。かに、豚肉、春雨、香味野菜を専用の鍋で蒸し焼きにするシンプルな作り方です。かにだけではなく豚肉を入れるのがポイントで、豚ばら肉の旨みを加えることで、より深い味に仕上がります。かにと豚肉のこくが春雨にしみ、箸が止まらなくなるおいしさです。渡りがにのかわりに有頭えびを使っても。

材料 4人分

渡りがに（または好みのかに）…1杯
豚ばらしゃぶしゃぶ用肉…100g
緑豆春雨（乾燥）…200g
パクチーの根…5本分
にんにく…小3〜4かけ
黒粒こしょう…20粒くらい
パクチー…適量
◎合わせ調味料
　ナムプラー…小さじ1½　★p.8参照
　シーズニングソース…大さじ1½　★下記参照
　オイスターソース…大さじ2
　酒…大さじ2
　鶏がらスープ（鶏がらスープの素小さじ2を湯300mℓで
　　溶いたもの）…300mℓ
　砂糖…小さじ1弱
　ごま油…小さじ1

作り方

1　かにはぶつ切りにし、豚ばら肉は長ければ長さを半分に切る。春雨はぬるま湯で戻し、食べやすい長さに切る。パクチーの根はよく洗い、黒粒こしょうとにんにくは包丁の腹で叩いてつぶす。

2　ふたのできるフライパンか土鍋に豚肉を敷き、黒粒こしょう、にんにく、パクチーの根を散らす。その上にかにをのせ、春雨ものせる。合わせ調味料をよく混ぜて加え、ふたをして強火にかける。

3　煮立ってきたら弱めの中火にして、汁けがなくなるまでそのまま煮る（途中、汁けが足りないようなら鶏がらスープを足す）。上下を返して、かにに火が通っていたら味見をし、足りないようならシーズニングソースで味を調える。好みでパクチーを添え、かにの甲羅を飾る。

シーズニングソース

日本のたまりじょうゆのようなもので、タイ料理などのこくや旨みを出すための隠し味として使われます。タイでも人気。

ムータクライ［豚ひき肉のレモングラスあえ］

豚ひき肉は水を加えてしっとりと火を通し、生のレモングラスやバイマックルーと合わせています。さわやかな香りが食欲を刺激し、赤玉ねぎのシャキシャキ感やピーナッツの食感も楽しめます。油を使っていないので、さっぱりとした味わいで、マナオ汁を使ったすっぱくて辛いドレッシングと好相性。たっぷりの葉野菜で包んで食べます。

材料 4人分
豚ひき肉…200g
水…100㎖
生レモングラスの茎…6本
赤玉ねぎ…60g
細ねぎ…5本
ピーナッツ…10粒
生バイマックルー(こぶみかん)の葉…6枚
レタス、パクチー、ミントの葉…各適量
◍ドレッシング
　ナムプラー…大さじ3　★p.8参照
　マナオ汁…大さじ2強　★p.8参照
　パームシュガー…小さじ2　★下記参照
　ピッキーヌ(タイの唐辛子)…6本　★p.14参照

作り方

1　レモングラスはごく薄い輪切りにし、赤玉ねぎは薄切りにして2㎝長さに切る。万能ねぎは1㎝長さに切り、ピーナッツは粗みじんに切る。バイマックルーはごく細いせん切りにする。

2　鍋にひき肉と水を入れて中火にかけ、パラパラになるまで火を通す。

3　ピッキーヌは種ごと粗みじん切りにし、ドレッシングのほかの材料と混ぜ合わせる。

4　2の鍋に1と3を入れてよく混ぜる。器に盛って、食べやすく切ったレタスとパクチー、ミントの葉を添えて巻いていただく。

シーユーダム

とろりとしていて黒蜜にも似た甘みがあるタイのしょうゆ。甘みづけや照り出し、濃い色づけなどに使われています。

パームシュガー

ナツメヤシなど、ヤシから作られる砂糖のことで、茶色くて黒糖のようなこくがあり、料理に使うと味に深みが生まれます。ミネラルなどが含まれている含蜜糖です。

カオカームー[豚の煮込みご飯]

豚ばら肉をシーユーダム（タイの甘めのしょうゆ）やポンパロー（五香粉）、黒こしょうなどの調味料でやわらかく煮込んだ食堂料理。一緒に煮た卵や高菜を添えて、汁ごとご飯にのせていただきます。五香粉の香りが鼻腔を刺激し、味の染みた豚肉はホロリとやわらか。すっぱくて辛いたれを添えて、味変も楽しんでください。

材料 4人分
豚ばらかたまり肉…1kg
パクチー…12本
ゆで卵…4個
ジャスミンライス、高菜漬け、米油…各適量
●合わせ調味料
　にんにく…4かけ
　シーユーダム…大さじ4　★p.18参照
　しょうゆ…100㎖
　砂糖…大さじ1
　ポンパロー（五香粉）…大さじ1½
　黒粒こしょう…20粒くらい
　水…適量
●たれ
　生赤唐辛子（または赤ピーマン½個）
　　…2本
　シーユーダム…大さじ3
　酢…50㎖

作り方
1　豚ばら肉は大きめに切る。パクチーは根を切り落とす。茎は刻み、葉はちぎっておく。
2　圧力鍋に豚肉とパクチーの根、合わせ調味料を入れ、かぶるくらいまで水を加えて強火にかける。
3　火にかけて圧力が上がったら、弱火にして15分煮る。火を止めて圧力が下がったら、ステンレスなど金物のボウルに汁ごと移し、氷水の入ったボウルに浸けて急激に冷まし、固まった脂を取り除く（時間があればひと晩置けば脂は固まる）。圧力鍋を使わない場合は、火にかけて沸騰したら弱めの中火にして、あくを取りながら2時間煮込む（水を足しながら煮込むこと）。
4　脂を取り除いたら豚肉を鍋に戻し入れ、ゆで卵も加えて、卵に味がしみるまで弱火でコトコト煮込む（水が少なくなったら足す）。
5　たれを作る。赤唐辛子は小口切り（または赤ピーマンのみじん切り）にしてほかの材料と混ぜる。
6　4の卵は半分に切り、豚肉とともにジャスミンライスにのせ、煮汁もかけてパクチーをトッピングする。ざく切りにして油で炒めた高菜漬けと5のたれを添える。

カイヨーマー ガパオ［ピータンのガパオ炒め］

ガパオとはタイのホーリーバジルのこと。色々な肉や魚介と炒めたものを「〜パット（炒める）ガパオ」と言います。日本では鶏ひき肉を使ったものがポピュラーですが、豚肉や牛肉、えびを使うなど、タイではいろいろなバリエーションがあります。これはピータンを使ったガパオ。豚ひき肉に、揚げピータンのやわらかな食感がよく合い、タイでも人気の味です。

材料 4人分
ピータン…3個
片栗粉…適量
豚ひき肉…300g
玉ねぎ…1/3個
赤ピーマン…50g
にんにく…4かけ
ピッキーヌ（または生唐辛子）…1本　★p.14参照
ガパオ（ホーリーバジル）…2〜3枝
ガパオ（ホーリーバジル）の葉…適量
米油（ピータン揚げ用）…適量
米油…少々
ジャスミンライス…適量
●合わせ調味料
　ナムプラー…小さじ2強　★p.8参照
　オイスターソース…大さじ1 1/2
　しょうゆ…小さじ2強
　シーユーダム…小さじ1強　★p.18参照
　シーズニングソース…小さじ2強　★p.16参照
　砂糖…小さじ2

作り方

1　ピータンは殻をむき、縦8等分のくし形切りにする。片栗粉を薄くまぶし、170度の油でまわりが固まるまで揚げて油をきる。

2　玉ねぎは粗みじんに切り、赤ピーマンは5mm幅×3〜4cm長さ程度に切る。にんにく、ピッキーヌはみじん切りにし、ガパオは葉を枝からはずしておく。

3　合わせ調味料を合わせる。

4　フライパンに油を中火で熱し、にんにく、ピッキーヌを焦がさないように炒めたら、ひき肉、玉ねぎ、赤ピーマンを入れる。ひき肉がパラパラになるまで炒めたら、1と合わせ調味料、ガパオを加えて炒める。炊いたジャスミンライスとともに皿に盛り、素揚げしたガパオの葉をのせる。

ムーガタ［タイ風焼き肉しゃぶしゃぶ鍋］

ムーガタ ［タイ風焼き肉しゃぶしゃぶ鍋］

日本では「タイすき」が有名ですが、今、タイでは鍋料理と言えば「ムーガタ」というくらい人気があります。焼き肉プレートとしゃぶしゃぶ鍋が一体化したような、専用のムーガタ鍋を使い、上の鉄板では豚肉を焼き、鍋のまわりの溝にはスープを入れて野菜を煮て食べ、最後はインスタントラーメンで締めくくるのが一般的な食べ方。安価な食堂で、好きな具材を入れてワイワイ食べるのが楽しいのです。すっぱくて辛いたれにつけると、肉も野菜も箸が進みます。

材料 4人分

豚肩ロース薄切り肉…500g

白菜、えのき茸、ベビーコーン、空心菜など好きな野菜…各適量

ベーコン…適量

鶏がらスープ（鶏がらスープの素大さじ1を湯500mℓで溶いたもの）…500mℓ

インスタント麺…1〜2玉

米油…適量

◉下味調味料

　卵…1個

　しょうゆ…小さじ1

　オイスターソース…大さじ1

　にんにく酢…大さじ2

　　（にんにく2かけの薄切りを酢大さじ4に漬けたもの）

　パームシュガー…小さじ2　★p.18参照

　炭酸水…大さじ2

　片栗粉…大さじ1½

　ごま油…小さじ2

◉たれ

　A

　生赤唐辛子のみじん切り…適量

　にんにくのみじん切り…小さじ1

　ナムプラー…大さじ2　★p.8参照

　スイートチリソース…大さじ6

　トマトケチャップ…大さじ6

　シラーチャーチリソース…大さじ8　★p.28参照

　酢…50mℓ

　きび砂糖…大さじ1

　塩…ひとつまみ

　B

　しょうゆ…大さじ1½

　ごま油…大さじ1

　マナオ汁…大さじ5　★p.8参照

　パクチーのみじん切り…適量

◉ナムチムタレー（海鮮用のたれ）

　にんにく…2かけ

　生赤唐辛子…5本

　ナムプラー…大さじ2

　マナオ汁…大さじ2

　きび砂糖…大さじ1

　水…小さじ1

作り方

1　ボウルに豚肉を入れ、混ぜ合わせた下味調味料を加えて肉にもみ込む。ほかの具材は食べやすく切る。

2　鍋にたれAの材料を入れて強火にかけ、煮立ったら火を止めて、たれBの材料を加えて混ぜる。

3　ナムチムタレーを作る。ざく切りにした赤唐辛子とにんにくをフードプロセッサーにかけるか、すり鉢ですりつぶす。マナオ汁ときび砂糖、ナムプラー、水を混ぜる。

4　ムーガタ鍋の中央に油を塗って、まわりに鶏がらスープを注いで火をつける。

5　鍋の中央で肉を焼き、まわりの部分で野菜などを煮て、2と3のたれをつけるかかけるかして食べる。〆はインスタント麺を割って、スープに入れて煮る。

カノムチン ナムヤー［タイ風そうめんカレーソース］

タイではグリーンカレーに麺を合わせるのが一般的です。日本のそうめんのような「カノムチン」という米でできた麺に、カレーをかけたりつけたりして食べるのです。今回はカノムチンのかわりに、徳島の手延べそうめん「半田麺」を使いました。麺に添えた野菜は、タイではきゅうりやキャベツはもちろんのこと、いんげんやもやしも生で食べています。今回はサッとゆでますが、カレーによく合っておいしいのです。

材料 4人分

◉カレーソース
　ツナ缶(水煮)…80g
　レッドカレーペースト…大さじ1
　ガピ(シュリンプペースト)…大さじ½　★下記参照
　ココナッツミルク…カップ1
　なす…1本
　ナムプラー…大さじ1　★p.8参照
　砂糖…小さじ1
　水…カップ1
　米油…大さじ1
半田そうめん…適量
きゅうり…½本
キャベツ…2枚
もやし…½袋
いんげん…8本
ゆで卵…1〜2個
高菜漬け…適量
スイートバジル…適量

作り方

1　カレーソースを作る。ツナは汁けをきる。フライパンに油を中火で熱し、レッドカレーペーストとガピを炒め、ツナも加えて炒める。

2　なすは皮をむいて乱切りにする。1とココナッツミルクをミキサーに入れて滑らかにする。ココナッツミルクを鍋に入れ、水を加えて中火にかけ、なすを加える。なすに火が通ったら砂糖とナムプラーを加えて味を調える。

3　つけ合わせを用意する。きゅうりは斜め薄切りにし、キャベツは3cm長さの細切りにする。もやしはひげ根を取り、3cm長さに切ったいんげんとともにサッとゆでてざるに上げる。ゆで卵は輪切りにし、高菜漬けは刻む。スイートバジルは葉をちぎる。

4　そうめんはたっぷりの熱湯でゆでて冷水で洗い、ひと口大に丸めて皿に盛る。3をのせ、2のスープをつけて食べる。

シラーチャーチリソース

唐辛子や酢、にんにくなどがペースになっているタイのチリソース。旨みや酸味があり、下味をつけたり、たれに使うなど、汎用性の高い調味料。

ガピ

東南アジアで広く使われているえびのペースト。オキアミやえび、小魚などをつぶして塩漬けにし、発酵させて作ります。深い旨みを生み出します。

サークーサイムー［豚肉の甘辛あん入りタピオカまんじゅう］

日本のタイ料理店ではあまり見かけたことのないのが、このサークーサイムーです。甘じょっぱい肉だねをタピオカで包んで蒸したもので、タイの人たちは唐辛子をかじりながら食べています。もちもちとしたタピオカまんじゅうに、ピーナッツの食感や、揚げたにんにくの香ばしさがアクセントになって、いくつでも食べられるおいしさです。

材料 15個分

豚ひき肉…130g
タピオカ（小粒）…200g
湯（60℃くらい）…適量
赤玉ねぎ…¼個
にんにく…3かけ
パクチーの根…2本分
ピーナッツ…大さじ2
チャイポー（タイのたくあん）のみじん切り…大さじ2
　　★下記参照
米油…小さじ2
◉A
　ナムプラー…大さじ1　　★p.8参照
　砂糖…大さじ4
◉トッピング
　にんにく…2かけ
　パクチーの葉…少々
　揚げ油…適量
プリーツレタス…適量
スイートチリソース…適量

作り方

1　タピオカはサッと水洗いしてざるに上げ、水けをきる。ボウルに入れ、湯をかぶる程度まで少しずつ注ぐ。ラップをして10分くらい置き、ギュッと握ってバラバラにならなくなるまで休ませる。バラバラするようならお湯を足す。

2　赤玉ねぎ、にんにく、パクチーの根、ピーナッツはみじん切りにする。

3　フライパンに油を熱してにんにくとパクチーの根を入れて中火で炒め、香りが立ったら豚肉も加えて炒める。赤玉ねぎ、チャイポー、ピーナッツを加えて炒め、Aで調味する。

4　ラップを敷いて**1**を大さじ1くらいのせて丸く広げ、**3**の肉だねを置く。ラップの口をキュッと絞ってだんご状に丸める。15個作る。

5　耐熱皿にラップをはずした**4**を並べ、蒸し器に入れて中火で20分ほど、タピオカが透明になるまで蒸す。

6　トッピング用のにんにくはみじん切りにし、焦げないように油で揚げ焼きにして、にんにくビッツを作る。蒸し上がったタピオカまんじゅうに、にんにくビッツとパクチーの葉をのせる。添えたプリーツレタスにのせ、スイートチリソースをかけながら食べる。

チャイポー

大根に塩をふって干したもので、日本で言うたくあんのようなもの。タイでは生の大根よりチャイポーが料理に使われることが多く、刻んで卵と炒めるなど、さまざまな料理で使われます。

カオニャオマムアン［もち米とマンゴーのデザート］

タイのもち米を蒸してココナッツミルクで味つけし、マンゴーと合わせ、さらにココナッツミルク
のソースをかけた、タイで人気のデザートです。甘みとほのかな塩味も感じる、くせになるおい
しさ。白いりごまの食感と風味がアクセントです。

材料 4人分
タイのもち米…2合
ココナッツミルク(缶詰)…400㎖
きび砂糖…100g
塩…小さじ½
マンゴー…適量
白いりごま…適量
●ココナッツミルクソース
　ココナッツミルク(缶詰)…400㎖
　砂糖…80g
　塩…小さじ1

作り方
1　もち米は5時間浸水する。蒸し器にふきんを敷き、
もち米を広げて強火で20分ほど蒸す。途中で上下をひ
っくり返す(炊飯器のおこわモードで、水2合分を加えて炊
いてもよい)。
2　ココナッツミルク、きび砂糖、塩を鍋に入れて中
火にかけ、溶かしておく。
3　別の鍋にココナッツミルクソースの材料を入れて
火にかけ、あたためておく。
4　もち米が炊き上がったら大きめのボウルに入れ、
熱いうちに2をまわしかけて木べらで混ぜる(シャバシ
ャバしていてももち米が吸うので心配ない)。
5　4が落ち着いたら器に盛り、白ごまをのせる。食
べやすく切ったマンゴーも盛って3のソースをかける。

ベトナム料理

はじめてベトナム料理を食べたのはタイでした。野菜やハーブをふんだんに使い、辛みも少なく食べやすいその味が大好きになりました。レストランで食べておいしかった料理はもちろん、道端でおばあちゃんが作っている蒸し春巻きや、天秤棒で売り歩く手羽先のヌクマム揚げ、街なかの一膳めし屋で人気の厚揚げの煮物など、私の好きな味を紹介しています。

バン クォン［ベトナム蒸し春巻き］

バン クォンはコーンスターチや片栗粉、薄力粉などを混ぜて、薄く蒸し焼きにした皮で、肉だねを巻いて作るベトナム風の蒸し春巻きです。もちもちプルンとした食感で、ベトナムの人が大好きな家庭料理。皮を上手に作るには、直径21cmほどの小さめサイズで、フッ素樹脂加工のフライパンがおすすめです。皮だけ焼いて、ヌクチャムをつけて食べてもおいしいです。

材料 10本分

◎肉だね
　豚ひき肉…250g
　玉ねぎ…100g
　きくらげ(乾燥)…10g
　細ねぎ…適量
米油…適量
◎A
　砂糖…小さじ1
　塩…小さじ1
　こしょう…少々
◎春巻きの皮
　B
　コーンスターチ(またはタピオカ粉)…100g
　片栗粉…100g
　薄力粉…25g
サラダ油…50㎖
水…400㎖
◎ヌクチャム(たれ)
　にんにく…1かけ
　生赤唐辛子…1本
　砂糖…大さじ2
　ヌクマム(またはナムプラー)…大さじ2
　レモン汁(またはマナオ汁)…大さじ1
　酢…大さじ½
　湯…大さじ2

作り方

1　肉だねを作る。きくらげは水で戻してみじん切りにする。玉ねぎもみじん切りにする。細ねぎは小口切りに。

2　フライパンに油(分量外)を熱し、玉ねぎときくらげを入れて中火でサッと炒める。豚ひき肉も加え、パラパラになったらAで調味する。細ねぎを加えて(飾り用を少し取っておく)サッと炒めて火を止め、冷ます。

3　皮を作る。Bをボウルに合わせて油を加えて混ぜ、水の半量を加えてさらに混ぜる。まとまったら残りの水も加えて混ぜる。

4　小さめのフライパン(直径21㎝・フッ素樹脂加工のものがよい)を弱めの中火にかけ、3をお玉⅓量程度すくって流し入れ、ふたをして弱めの中火で蒸し焼きにする。透明になったら、2を適量のせてフライ返しなどで両端をたたんで手前から奥に向かって巻く。残りも同様に作る。

5　ヌクチャムを作る。にんにく、赤唐辛子は種ごとみじん切りにして、ほかの材料と混ぜる。

6　4を器に盛って残りの細ねぎをのせ、5を添える。

カーティム ヌン ヤオ ハン［焼きなすのサラダ］

魚焼きグリルなどでなすを真っ黒になるまで焼いて皮をむき、スペアミントやバジル、パクチーや細ねぎなどのハーブ類と合わせ、ナムプラーベースのヌクチャムであえたさっぱりとしたサラダです。仕上げに散らすフライドオニオンが食感のアクセントになります。

材料 4人分
なす…8本
スペアミント…30g
細ねぎ…6本
スイートバジル、パクチー…各適量
フライドオニオン…適量
塩…少々
ごま油(太白)…適量
◎ヌクチャム(たれ)
　にんにく…1かけ
　生赤唐辛子…1本
　ヌクマム(またはナムプラー)…大さじ2
　きび砂糖、レモン汁…各大さじ2
　水…大さじ2

作り方
1　ヌクチャムのにんにく、赤唐辛子は種ごとみじん切りにして、たれのほかの材料と混ぜる。
2　なすは魚焼きグリルに丸ごとのせ、皮が真っ黒になるまで焼く。へたを取って皮をむき、食べやすく裂いてボウルに入れ、塩をふる。スペアミント、バジル、パクチーの葉をちぎり、ボウルに加えてあえる。
3　細ねぎは小口切りにして耐熱ボウルに入れ、熱したごま油をかけ、油ごと2に加える。
4　3を器に盛ってフライドオニオンを散らし、ヌクチャムをまわしかける。

ベトナム風カリフラワーのフリット チリトマトソース

ベトナムにはカリフラワーを使ったメニューがたくさんあります。これはカリフラワーに衣をつけて揚げ、ピリ辛のチリトマトソースをつけて食べるフリット。シラーチャーソースはベトナムやタイで使われる調味料。辛みとうまみがあり、揚げ物のソースとしてもよく使われています。

材料 4人分
カリフラワー…1株
揚げ油…適量
◎衣
　卵…1個
　小麦粉…カップ2
　ヌクマム(またはナムプラー)…大さじ1
　こしょう…適量
　水…カップ1
◎チリトマトソース
　トマト缶(水煮缶)…カップ2
　A
　　シラーチャーソース…大さじ2½　★p.28参照
　　ヌクマム(またはナムプラー)…小さじ1
　　酢…小さじ2
　　砂糖…小さじ1
　水溶き片栗粉…適量

作り方
1　チリトマトソースを作る。トマトをつぶして鍋に入れ、Aを加えて中弱火で10分ほど煮詰める。水溶き片栗粉を加えてよく混ぜ、とろみをつける。
2　衣を作る。卵を溶いてボウルに入れ、衣のほかの材料も加えてざっくり混ぜる。
3　カリフラワーは小房に切り分ける。揚げ油を170〜180℃に熱し、2の衣をカリフラワーにたっぷりつけて揚げる。色づいてカリッとしてきたら油をきって器に盛り、1のソースを添える。

あさりとディルのオムレツ ベトナム風

蒸したあさりの身と蒸し汁を溶き卵に混ぜてオムレツに。ざく切りにして入れたディルが、卵とあさりのうまみをさわやかに引き立てます。卵は、油をしっかり熱したフライパンで焼くと、ふんわりおいしく仕上がります。あまり火を通しすぎずに、ゆるめの半熟を目指しましょう。シーズニングソースに生の赤唐辛子を加えたピリ辛のたれをかけていただきます。

材料 4人分
卵…4個
あさり(殻つき)…40個
ディル…12本
にんにくのみじん切り…小さじ2
酒…大さじ1
ごま油(太白)…大さじ4
塩、こしょう…各適量
〇たれ
　シーズニングソース…大さじ3　★p.16参照
　生赤唐辛子…2本

作り方
1　あさりは水洗いする。鍋に入れて酒をふり、ふたをして中火にかける。口が開いたら身を取り出して、汁をこしておく。ディルは葉を摘んで、あらみじんに切る。
2　ボウルに卵を割りほぐし、あさりの汁とむき身、ディル、塩、こしょうを加えて混ぜる。
3　フライパンか中華鍋にごま油を入れて強火にかけ、にんにくを炒める。強火のまま2を流し入れ、大きく混ぜる。半熟に火を通して半分に折り、オムレツにする。
4　赤唐辛子は種ごと小口切りにしてシーズニングソースと混ぜ、器に盛ったオムレツに添える。

カンガーチュンヌクマム［ベトナム風手羽先のヌクマム揚げ］

ベトナムは米が主食の米食文化の国。米を粉状に加工した米粉も日常的に使われています。これはヌクマムで下味をつけ、米粉の衣をつけて揚げた手羽先のから揚げです。ヌクマムやごま油を入れた湯で下ゆでしているので、高温でサッと揚げればOK。中はしっとりやわらかく、外側はカリッと香ばしい仕上がりです。マナオをギュッと絞ってどうぞ。

材料 4人分
手羽先…8本
〇A
　ヌクマム(またはナムプラー)…大さじ3
　ごま油…小さじ3
　こしょう…適量
〇下味調味料
　にんにく…3かけ
　ヌクマム(またはナムプラー)…大さじ4½
　砂糖…小さじ2
　酒…大さじ2
　こしょう…適量
米粉…適量
揚げ油…適量
マナオ(タイのライム)…適量　★p.8参照

作り方
1　鍋に湯1ℓ(分量外)を沸かし、Aと手羽先を入れて8分ゆでる。ざるに上げ、ペーパータオルで水けを拭き取る。
2　にんにくはみじん切りにして、下味調味料のほかの材料と混ぜる。1を入れて20〜30分漬けて下味をつける。
3　2の汁けを拭いて米粉をまんべんなくつけ、余分な粉は落とす。揚げ油を180℃に熱して手羽先を入れ、こんがりするまで揚げる。油をきって器に盛り、絞りやすく切ったマナオを添える。

ボン カイ サオ ティット ヘォ［カリフラワーと豚肉の炒め物］

ヌクマム、シーズニングソース、オイスターソースなど旨みの深い調味料で、カリフラワーと豚ばら肉などをサッと炒めた食堂メニュー。火の通りにくいカリフラワーとにんじんは、かために下ゆでをしてから炒めると、ちょうどいい食感になります。仕上げにはパクチーの葉をたっぷりとのせて。白いご飯が進むおかずです。

材料 4人分
豚ばらスライス肉…100g
◉下味調味料
　ヌクマム（またはナムプラー）…小さじ½
　こしょう…少々
カリフラワー…300g
にんじん…⅓本
玉ねぎ…¼個
にんにく…1かけ
パクチー…適量
こしょう…少々
ごま油（太白）…大さじ2
◉合わせ調味料
　ヌクマム（またはナムプラー）…大さじ1
　シーズニングソース…小さじ2　　★p.16参照
　オイスターソース…小さじ1
　砂糖…小さじ1
　こしょう…少々
　鶏がらスープ（鶏がらスープの素少々を湯大さじ1で
　　溶いたもの）…大さじ1

作り方
1　豚肉はひと口大に切って、下味調味料をもみ込む。
2　カリフラワーは小房に分けて食べやすく切る。にんじんは5mm厚さ程度の輪切りにして好みの型で抜く。玉ねぎは1cm幅程度のくし形切りに、にんにくはみじん切りに、パクチーは葉をちぎる。
3　鍋に湯（分量外）を沸かし、カリフラワーとにんじんを入れてかためにゆでて湯をきる。
4　フライパンにごま油の半量を熱して、にんにくの半量を炒める。豚肉も入れて中火で炒め、肉に火が通ったらいったん取り出す。
5　4にごま油を足して残りのにんにくを炒めて、3を加えてサッと炒める。玉ねぎも入れ、豚肉を戻し入れて合わせ調味料を加えて炒める。こしょうをふって味を調えたら、器に盛ってパクチーをのせる。

揚げ豆腐のひき肉詰めベトナム風トマト煮込み

ベトナムの人たちは揚げ豆腐(日本で言う厚揚げ)が大好きです。揚げ豆腐にひき肉を詰め、トマトソースで煮込んだこの料理も、ベトナムではなじみ深い人気料理です。肉だねには、春雨やきくらげをみじん切りにして混ぜてあるので、シャキシャキとした食感が楽しめます。トマトの旨みが厚揚げにからんで、あっさりとしながらも深みのあるおいしさなのです。

材料　4人分

厚揚げ(10㎝角くらいの小さめサイズ)…2枚
トマト…400g
豚ひき肉…150g
春雨…10g
きくらげ(乾燥)…適量
細ねぎ…4本
にんにくのすりおろし…小さじ1
◉下味調味料
　ヌクマム(またはナムプラー)…小さじ⅓
　塩…小さじ½
　こしょう…少々
片栗粉…適量
水溶き片栗粉…適量
ごま油(太白)…適量
水…200㎖
◉合わせ調味料
　シーズニングソース…大さじ1　　★p.16参照
　ヌクマム(またはナムプラー)…大さじ½
　砂糖…大さじ½

作り方

1　厚揚げは対角線で半分に切って、中の豆腐部分をスプーンでくりぬく。中身は取っておく。

2　トマトはざく切りにする。春雨ときくらげは水に15分くらいつけて戻し、それぞれみじん切りにする。細ねぎは根元はみじん切りにし、緑の部分は3㎝長さに切る。

3　ボウルに豚ひき肉を入れ、にんにくの半量、1でくりぬいた豆腐、春雨、きくらげ、細ねぎの根元を加えてよく練り、下味調味料を加えてさらに混ぜる。

4　1の厚揚げの内側に片栗粉をふり、3の肉だねを詰める。肉だねが残ったらボール状に丸めておく。

5　フライパンにごま油を中火で熱して、4の肉の部分を下にして焼いてから全面を焼く。ボール状にしたものも焼き、ともにいったん取り出しておく。

6　5のフライパンにごま油を適量足し、残りのにんにくを中火で炒める。香りが立ったらトマトを加えて炒め、水けがとんだら水を加えて3分煮る。

7　6に合わせ調味料を加え、5を戻し入れて弱めの中火で20分ほど煮汁が少なくなるまで煮込む。最後に水溶き片栗粉を加えてとろみをつけ、残りの細ねぎを散らして器に盛る。

ベトナム風しゃぶしゃぶ

ベトナムの食堂に行くと、ミントやパクチーなどのハーブや葉野菜がざるにワサッと盛られていて、好きなだけ入れて食べるのが定番です。このしゃぶしゃぶも好きなハーブや葉野菜、そして生春巻きの皮を添えて、肉を巻いて食べてみてください。ヌクチャムも忘れずに。スープはトマトと酢をベースにして酸味が効いているので、牛肉があっさり食べられます。口の中がさわやかになる、野菜いっぱいの軽やかな鍋です。

材料 4人分

牛ロースしゃぶしゃぶ用肉…500g
赤玉ねぎ…1個
卵黄…1個

◉下味調味料
　シラーチャーソース…大さじ2　★p.28参照
　にんにくのすりおろし…小さじ1
　ヌクマム（またはナムプラー）…小さじ1
　砂糖…小さじ1

◉スープ
　トマト…小2個
　玉ねぎ…½個
　にんにく…2かけ
　A
　　生赤唐辛子…2本
　　砂糖…大さじ2
　　酢…600㎖
　　塩…小さじ1弱
　鶏がらスープ（鶏がらスープの素大さじ1を湯1200㎖の
　　湯で溶いたもの）…1200㎖
　サラダ油…適量

◉ヌクチャム（たれ）
　にんにくのすりおろし…適量
　赤唐辛子のみじん切り…適量
　ヌクマム（またはナムプラー）…大さじ4
　砂糖…大さじ2
　マナオ果汁…大さじ2　★p.8参照

生春巻きの皮…適量
サニーレタス、ミント、ディル、パクチーなど好みの
野菜やハーブ…各適量
＊きゅうり、大葉、パクパイ（ベトナムミント。ドクダミ
の仲間）等もよく合う。

作り方

1　スープを作る。トマト、玉ねぎ、にんにくはみじん切りにする。赤唐辛子は種ごと輪切りにする。

2　鍋に油を中火で熱し、にんにくを炒める。香りが立ったら玉ねぎとトマトを加えて炒め、汁けがなくなってきたら、Aを加えて炒め合わせてから鶏がらスープも加えて沸騰させて火を止める。

3　牛肉に下味調味料をもみ込んで皿にのせる。赤玉ねぎを薄切りにして散らし、中央に卵黄を落とす。

4　ヌクチャムの材料を混ぜる。

5　野菜やハーブは食べやすく切って盛りつける。生春巻きの皮も水につけて戻す。

6　鍋にスープを沸かし、牛肉に卵黄を混ぜ込んで1枚ずつスープにくぐらせる。サニーレタスに生春巻きの皮をのせ、牛肉とハーブを巻いてヌクチャムをつけて食べる。

鶏とレモングラスの炊き込みご飯

生のレモングラスを入れて鶏肉を下ゆでし、そのゆで汁を使ってタイ米を炊き上げます。具材にも小口切りにしたレモングラスを加えているので、炊き上がってふたを開けた瞬間、「わぁ！いい香り」と歓声があがるほど、さわやかな香りが堪能できます。レモングラスや、薄切りにしたたけのこのシャキシャキ感、鶏肉やしめじの旨みが複雑に絡む味を楽しんでください。

材料 4人分
鶏もも肉…1枚
●A
　生レモングラス…½本
　水…600㎖
タイ米…2合
たけのこ水煮…100g
しめじ…1パック
にんにく…1かけ
●B
　生レモングラス…1本
　ヌクマム（またはナムプラー）…大さじ1強
　シーズニングソース…大さじ1　★p.16参照
　砂糖…小さじ1
生レモングラスのみじん切り…½本分
パクチーのざく切り…適量
シーズニングソース…小さじ2
ごま油（太白）…適量
こしょう…適量

作り方

1　Aの水を鍋に入れて強火にかけ、沸騰したら鍋に入る長さに切ったレモングラスと、鶏肉を入れて、弱めの中火で15〜20分ゆでて、ゆで汁ごと冷ます。冷めたら鶏肉は取り出して、食べやすく切る。ゆで汁はご飯を炊くのに使うので取っておく。

2　タイ米は洗ってざるに上げる。

3　たけのこは細切り、しめじは根元を切ってほぐし、にんにくはみじん切りにする。

4　フライパンにごま油を熱し、にんにくの半量を炒め、2を加えて炒める。全体的に油がまわったら、たけのこしめじも加えて炒めて炊飯器に入れる。

5　Bのレモングラスは炊飯器に入る長さに切る。4に1のゆで汁2カップとBを加えてサッと混ぜて炊く。

6　炊いている間にフライパンにごま油を中火で熱し、残りのにんにくとレモングラスのみじん切りを炒める。香りが立ったら1の鶏肉を加えて炒め、シーズニングソースで調味する。

7　ご飯が炊き上がったら、6を加えて10分蒸らす。パクチーとこしょうを加えてザックリ混ぜ、器に盛る。

ブン ボー フエ［フエ地方の牛肉の辛い麺］

ブン ボー フエは、ベトナムの中部の都市である「フエ」で食されている名物料理。牛肉スープの辛い麺です。「ブン」とは米粉で作った麺のこと。日本でもなじみのある「フォー」も同じ米粉の麺ですが、切り麺のフォーに対して、ブンは押し出して作る円形の麺。今回はブンのかわりに日本の半田そうめんを使っています。牛肉スープに便利なのが顆粒牛スープの素「ダシダ」。スープの深みがグンと増します。

材料 4人分

牛すね肉(かたまり)…400g
半田そうめん(または好みの麺)…適量
◉下味調味料
　にんにく…2かけ
　生レモングラス…2本分
　パクチーの根…1〜2本
　ヌクマム(またはナムプラー)…大さじ5
　砂糖…大さじ3
　塩…適量
◉A
　トマト…大2個
　顆粒牛スープの素…大さじ1½
　　★p.60参照
　八角…2個
　水…1600㎖
◉B
　粉唐辛子…大さじ1強
　パプリカパウダー…大さじ2
　ラード…大さじ2
生赤唐辛子…2本
ヌクマム(またはナムプラー)…少々
もやし…適宜
スペアミント…適量
サラダ油…大さじ1

作り方

1　牛肉は食べやすく切る。にんにく、レモングラス、パクチーの根はみじん切りにする。ボウルに入れて下味調味料を加えてもみ込み、30分ほどおいて味をなじませる。

2　フライパンに強火で油を熱して1を入れ、表面に焼き色がつくまで焼く。圧力鍋に移してAを加え(トマトはへたを取って丸ごと)、強火にかけて沸騰したら弱火にして肉がやわらかくなるまで20分煮る。

3　フライパンにラードを中火で熱し、残りのBを炒める。2の鍋に加え、みじん切りにした赤唐辛子も加え、ヌクマムで味を調える。

4　半田そうめんは好みのかたさにゆでる。途中でもやしも入れてサッとゆでて取り出す。

5　麺を器に盛って3の牛肉とスープを加え、もやしと葉をちぎったミントをトッピングする。

ベトナムプリン

卵と牛乳に、ベトナムの人たちが大好きなコンデンスミルク（練乳）を加えて作るプリンは、固め
でどこか懐かしさを感じる味です。インスタントコーヒーを加えてほろ苦さを増したカラメル
が、プリンの甘みを引き立てます。できあがったら型から出して、クラッシュアイスを添えて食べ
るのが定番です。冷房が効かないベトナムのカフェを思い出しながら。

材料 8個分
卵…3個
牛乳…300㎖
コンデンスミルク…150g
● A
   インスタントコーヒー（顆粒）…4g
   熱湯…75㎖
グラニュー糖…80g
クラッシュアイス…適量

作り方
1 Aを混ぜておく。
2 小鍋にグラニュー糖を入れて熱し、溶けて濃い茶
色になったら火を止め、1を加えてからまた火をつけ
る。とろみがつくまで煮つめたらプリン型に流す。
3 ボウルに卵を溶きほぐし、牛乳とコンデンスミル
クを加え、泡立たないように混ぜて漉し器で漉す。2
のプリン型に注いで、アルミホイルでふたをする。
4 蒸し器を熱し、蒸気が上がったら3を入れる。強
火で1分、弱火で11〜12分蒸す。揺らしたら真ん中が
ふるふると揺れるくらいが蒸し上がりの目安。粗熱を
取って冷蔵庫で冷やす。
5 型からはずして器に盛り、クラッシュアイスをの
せる。

韓国料理

距離も近く気軽に行ける韓国は、まさに好きな料理を食べに行く国。韓国人の友人も多く、日本でも韓国料理屋さんにはよく足を運びます。ここで紹介している揚げなすのナムルは、友人が営む韓国料理屋さんで覚えた味。またオックステールのテグタンも、以前はばら肉で作っていましたが、友人の親戚宅でごちそうになったのがとてもおいしくて、作り方を聞いてアップデートしました。

うずらの卵のジャンジョリム［うずらの卵のしょうゆ煮］

韓国へ旅行に行ったときに食べて、とてもおいしかったのでまねしてみたくなった味です。ほんのりしょうがが香る、しょうゆベースの煮汁でうずらの卵をサッと煮て、煮汁ごと冷蔵庫へ入れて漬けておきます。箸休めやおつまみにちょうどいいのです。

材料 4人分
うずらの卵…25個
◦A
　しょうがのすりおろし…少々
　煮干し…4尾
　しょうゆ…100㎖
　砂糖…大さじ1
　酒…60㎖
　みりん…大さじ2
　水…60㎖

作り方

1　うずらの卵は3分ほどゆでて殻をむく。

2　煮干しは頭と腹わたを取っておく。Aを鍋に入れて中火にかけ、煮立ったら1を加えて転がしながら5分煮る。そのまま冷まし、半日程度煮汁の中に卵を漬けて冷蔵庫に入れておき、たまに転がす。

3　煮汁少々とともに器に盛る。

揚げなすのナムル

縦半分に切ったなすを揚げて、たれをかけた小さな一皿。揚げてやわらかくなったなすに、にんにくのすりおろしや長ねぎのみじん切りなど、香味野菜で風味づけしたれがよく合います。こちらもちょっとしたおつまみや、もう一品欲しいときの副菜として重宝します。

材料 4人分
なす…2本
◦A
　にんにくのすりおろし…少々
　長ねぎ…10㎝
　韓国粉唐辛子(中びき)…適量　★p.54参照
　しょうゆ…大さじ2
　砂糖…小さじ1
　みりん…大さじ1
　酢…小さじ2
揚げ油…適量

作り方

1　なすは縦半分に切り、水につけてあくを抜く。ペーパータオルで水けを拭き取り、皮側に数本、斜めに切り目を入れる。

2　長ねぎはみじん切りにしてボウルに入れ、Aのほかの材料も加えて混ぜる。

3　揚げ油を180℃に熱し、1を揚げる。やわらかくなったら皿に盛り、2をかける。

韓国風フライドチキン

韓国のフライドチキンはザクザクとした食感が特徴で、とてもクリスピーです。ザクザク食感の秘訣は衣を二度づけすること。部位は骨つきのもも肉がおすすめです。下味調味料にはすりおろしのしょうがやにんにくを加え、そして牛乳を入れると臭み取りになって肉質もやわらかに。衣には辛みがおだやかな韓国の粉唐辛子を入れて、風味をつけます。揚げたてに冷えたビールを添えてどうぞ。

材料 4人分
骨つきもも肉…3本
揚げ油…適量
◉下味調味料
　牛乳…150㎖
　レモン汁…大さじ1
　しょうが…1かけ
　にんにくのすりおろし…大さじ½
　塩、こしょう…各小さじ½
◉衣
　韓国粉唐辛子(中びき)…少々　★下記参照
　小麦粉…150ｇ
　片栗粉…75ｇ
　塩…小さじ½

作り方
1　骨つきもも肉は3～4等分に切ってもらう。
2　しょうがはすりおろす。ボウルに下味調味料の牛乳とレモン汁を入れて混ぜ、ほかの材料も加える。1を加えてラップをし、冷蔵庫でひと晩寝かせる。
3　バットかボウルに衣の材料を混ぜておく。2はざるに上げて汁けをきる(漬け汁は取っておく)。
4　別のボウルに衣の材料カップ⅔、漬け汁カップ½を入れて混ぜる。天ぷらの衣状にして鶏肉にからめ、ざるに上げて汁けをきる。
5　残った衣の粉に4の鶏肉を入れてまぶし、なじむまで少々おいておく。
6　揚げ油を170℃に熱して5を入れ、ときどき返しながら7～8分、カリッとするまで揚げる。

韓国粉唐辛子

（細びき）　　（中びき）

皮だけを細かくひいた細びきは辛みがマイルドで甘みがあり、鮮やかなオレンジ色で、主に料理の色出しに使われます。中びきは種と皮を一緒にひいているので、辛みが強いという違いがあります。

キムチ チム［熟成キムチと豚肉の煮物］

熟成させた酸味の立ったキムチをたっぷり使った煮込み料理。キムチは熟成すると、すっぱくなると同時に、味に深みが生まれます。韓国食材の店やキムチの専門店、インターネットなどで入手可能です。豚やキムチ、そして煮汁に入れた干しえびなどの旨みが溶け出し、複雑な奥深さのある味わいです。白いご飯にもよく合います。

材料 4人分

白菜キムチ(すっぱく熟成したもの)…¼株
豚ロース薄切り肉…250g
◎ヤンニョム(合わせ調味料)
　韓国粉唐辛子(中びき)…小さじ2　★p.54参照
　みりん…小さじ1強
　ごま油…小さじ1強
◎煮汁
　昆布…10cm角1枚
　干しえび…4尾
　煮干し…6尾
　キムチの汁…カップ1
　顆粒牛スープの素…小さじ1強　★p.60参照
　水…3カップ

作り方

1　キムチは食べやすく切り、豚肉はひと口大に切る。煮汁の煮干しは頭と腹わたを取っておく。
2　煮汁の材料を鍋に入れて中火で15分煮たら食材を取り出す。
3　別の鍋にキムチと豚肉を段々に重ねて入れ、ヤンニョムの材料を混ぜ合わせてかけて2の煮汁を注ぐ。中火にかけて沸騰したら、そのまま10分煮る。弱火にしてふたをし、40分程度コトコト煮る。

スユック［ゆで牛すね肉］

スユックはゆでたかたまり肉を薄くスライスしたもの。韓国では冷麺などに合わせることもあります。じっくりと時間をかけてゆでることで、牛すね肉は驚くほどやわらかくなり、脂もほどよく抜けてとろとろに。すっぱくてピリ辛のたれにつけ、白髪ねぎを添えて食べてみてください。牛肉の深いコクとよく合います。牛すね肉の旨みが溶け出したゆで汁も、もうひとつのごちそうです。

材料 4人分

和牛すねかたまり肉…600g
玉ねぎ…1個
顆粒牛スープの素…小さじ2　★p.60参照
にんにくのすりおろし…少々
水…2ℓ(肉がしっかり浸かるくらい)
白髪ねぎ…適量
◎たれ
　にんにくのすりおろし…適量
　韓国粉唐辛子(中びき)…適量　★p.54参照
　しょうゆ…大さじ4
　みりん…大さじ2
　酢…大さじ2

作り方

1　鍋にすね肉と水を入れて強火にかけ、沸騰したら中火にして45分ほど煮てから、皮をむいた丸ごとの玉ねぎと牛スープの素も加えて2時間以上肉がやわらかくなるまで煮て、そのまま冷ます。
2　冷めたら肉を取り出し、スープを冷蔵庫で冷やして脂を取り除く。
3　肉は薄くスライスして耐熱容器に並べる。2のスープににんにくを加えて混ぜ、カップ1を肉にかけて蒸し器に入れて中火で温める。
4　3をスープごと器に盛って白髪ねぎをのせ、混ぜ合わせたたれをつけながら食べる。

オックステールの辛味噌スープ

テグタンとは牛骨からだしを取り、にんにくや玉ねぎの旨みや、唐辛子を効かせた辛いスープです。このレシピでは、旨みが深いオックステールで作っています。牛肉はほろほろとやわらかく、味のしみた大根やえのき茸、長ねぎ、たけのこなど野菜もたっぷりで、具だくさん。辛さは別に作った辛みそを溶き入れて、好みで調整します。添えた錦糸卵は辛みをマイルドにする効果も。

材料 4人分
オックステール…3個
大根…250g
長ねぎ…100g
えのき茸…100g
たけのこ水煮…80g
みつば…適量
錦糸卵…適量
●煮汁
　玉ねぎ…150g
　長ねぎの青い部分…2本分
　にんにく…8かけ
　昆布…10cm角1枚
　顆粒牛スープの素…大さじ1½
　　★p.60参照
　酒…60ml
　塩…適量
　水…3.5ℓ
●下味調味料
　にんにくのすりおろし…小さじ4
　長ねぎのみじん切り…20g
　しょうゆ…大さじ1
　塩…少々
●辛みそ
　麹みそ…75g
　韓国粉唐辛子(中びき)…50g　★p.54参照
　しょうゆ…25ml
　砂糖…5g
　ごま油…90ml

作り方
1　オックステールは沸騰した湯でゆでこぼし、水で洗う。大根は縦に四つ割りにする。玉ねぎ、にんにくは皮をむく。
2　大きめの鍋に煮汁の材料を入れ、煮立ったら牛肉を入れて1時間程度煮る(昆布は10分煮たら取り出す)。大根も加えてさらに1時間煮る(圧力鍋の場合は圧が上がってから45分煮る)。
3　オックステールがやわらかくなったら取り出し、大根とともに食べやすく切ってボウルに入れ、下味調味料をもみ込んで常温で1時間程度寝かせる。
4　2の煮汁を冷まして、脂と香味野菜を取り除く。
5　長ねぎは5cm長さに切り、えのき茸は石づきを取って小房に分け、たけのこは薄切りにする。
6　辛みその材料を混ぜておく。
7　4の煮汁に3と5を加えて中火で煮て、辛みそを好みの量を入れて調味する(お玉1杯くらいを目安に少しずつ加える)。味をみて、足りないようなら辛みそを足す。再び30分ほど煮込む。器に盛り、錦糸卵とざく切りにしたみつばをのせる。

コンナムル クッ ［豆もやしのスープ］

コンナムル クッは韓国の定番スープ。煮干しと昆布でとったスープに、薄口しょうゆやにんにくのすりおろしで味を調え、いかやたっぷりの豆もやしを入れていただきます。いかを入れることで海鮮の旨みが増して、より深みのある味に。豆もやしは韓国でよく使われる食材で、食べごたえも栄養もあります。食べるときは、韓国のりや温泉卵にからませて。スープが残ったらご飯を入れてクッパにするのもおすすめです。

材料 4人分

豆もやし…3袋
いか(生食用)…1杯
大根…5cm

A
　煮干し…15尾
　昆布…15cm角1枚
　水…2ℓ

合わせ調味料
　薄口しょうゆ…120㎖
　にんにくのすりおろし…小さじ2
　こしょう…適量
　みりん…大さじ1½
　酒…大さじ1½

アミの塩辛…適量　★下記参照
生青唐辛子…適量
長ねぎ…適量
韓国粉唐辛子(中びき)…適量　★p.54参照
温泉卵(やわらかめのもの)…6〜8個
韓国のり…適量

作り方

1　豆もやしは洗ってひげ根を取り、いかは骨とわたなどを取り除き、胴は3cm角程度、げそは3cm長さ程度に切る。大根は1cm幅程度のいちょう切りにする。

2　煮干しは頭と腹わたを取っておく。土鍋などにAを入れて1時間以上置く。

3　2に大根を入れて中火にかけ、煮立つ直前に昆布を取り出す。中火で20分ほど煮たら煮干しを取り出し、合わせ調味料を加えたら、アミの塩辛を加える。

4　3のスープに豆もやし、いかを加えて5分程度煮る。味を見て、足りないようなら、薄口しょうゆとアミの塩辛を足して味を調える。

5　4に小口切りにした長ねぎ、青唐辛子を散らし、粉唐辛子をふる。器に温泉卵を割り入れて、スープを大さじ3ほど加え、ちぎった韓国のりをのせて豆もやしをからめながら食べる。

アミの塩辛

アミエビなどを使った塩辛で、韓国ではキムチ作りにも欠かせません。スープやチゲなどにもよく使われていて、加えると劇的に旨みが増しておいしくなります。

顆粒牛スープの素

ダシダは韓国発祥の粉末タイプの調味料。じっくり煮込んだ牛骨エキスや玉ねぎなどの香味野菜がベースで、料理に使うと本格的な深みのある味になります。

ピョンス［韓国風冷やし水餃子］

暑いときや食欲がないときにも、つるんと食べられる韓国の夏の風物詩のひとつ。肉だねには木綿豆腐や白菜キムチのほか、きゅうりや長ねぎ、きくらげなど食感のいいものを加えているので、シャキシャキとした歯ごたえが楽しめます。たれには2種類の韓国粉唐辛子を。赤い色みを出して辛みは穏やかな細びきと、辛みの強い中びきの粉唐辛子に、すりごまやにんにくのすりおろしなどを組み合わせた、すっぱくて辛いたれです。

材料 4人分
餃子の皮…20枚
鶏ひき肉…80g
豚ひき肉…80g
木綿豆腐…80g
白菜キムチ…50g
きゅうり…⅔本
長ねぎ…5cm
きくらげ(乾燥)…2枚
A
　にんにくのすりおろし…少々
　しょうゆ…小さじ½
塩、こしょう…各少々
ヤンニョムカンジャン(たれ)
　長ねぎ…3cm
　白すりごま…大さじ1
　にんにくのすりおろし…小さじ1
　韓国粉唐辛子(細びき)…小さじ1　★p.54参照
　韓国粉唐辛子(中びき)…小さじ½　★p.54参照
　しょうゆ…大さじ3
　酢…大さじ1

作り方
1　豆腐はペーパータオルに包んで重しをのせる。厚さが半分になるまで水切りして、よくつぶす。
2　キムチはみじん切りにして水けを絞る。きゅうりは3cm長さの短い千切りにし、塩少々(分量外)をふって水けをギュッと絞る。きくらげは水で戻してみじん切りにし、長ねぎもみじん切りにする。
3　鶏ひき肉、豚ひき肉を混ぜ合わせてよく練り、塩、こしょうをふる。**1**と**2**も加えて混ぜ、**A**で調味する。
4　**3**の肉だねを餃子の皮で包み、たっぷりの湯でゆでる。皮が半透明になって浮いてきたら、ひと呼吸おいてから氷水にとる。
5　ヤンニョンカンジャンの長ねぎはみじん切りにし、たれのほかの材料と混ぜ合わせる。
6　氷水が入った器に餃子を盛り、**5**につけて食べる。

コンナムル パプ ［豆もやしご飯］

韓国の素朴な家庭料理、コンナムル パプ。軽く炒めた鶏肉と豆もやしを、米と一緒に炊く炊き込みご飯で、定食屋さんの定番メニューでもあります。やわらかな鶏肉と食感のいいもやしが好相性。土鍋で炊くとおこげも楽しめます。合わせ調味料のヤンニョムを韓国の人たちはご飯にかけて食べるのが好き。しょうゆに長ねぎのみじん切りやごま油を加えたピリ辛味です。

材料 4人分
米…2合
豆もやし…200g
鶏こま切れ肉…100g
にんにくのみじん切り…小さじ½
ごま油…大さじ1
◎ヤンニョム(合わせ調味料)
　長ねぎのみじん切り…適量
　白いりごま…大さじ1強
　韓国産粉唐辛子(細びき)…大さじ⅔　★p.54参照
　しょうゆ…大さじ4
　ごま油…大さじ½強

作り方
1　米は洗って30分ほど浸水し、ざるに上げて水けをきる。豆もやしはひげ根を取る。
2　フライパンにごま油を中強火で熱し、にんにくと鶏肉を軽く炒める。
3　炊飯器に1と2を入れ、水加減を気持ち少なめにして、普通に炊く。
4　ヤンニョムの材料を混ぜておく。
5　ご飯が炊けたらザックリ混ぜて器に盛り、ヤンニョムをかけて混ぜて食べる。

コマ キンパプ ［ミニのり巻き］

最近、韓国で人気のミニのり巻き。市場の屋台などで売られているひと口キンパで、おでんと一緒に買って、食べ歩きを楽しんでいます。10㎝四方程度ののりにご飯を広げ、下味をつけたにんじんやほうれんそう、たくあんを巻きます。何本も食べたくなるおいしさで、好みで酢じょうゆに練り辛子のたれをつけてもいいと思います。より現地の味に近づきます。

材料 4人分
米…2合
◎A
　白いりごま、ごま油…各大さじ1
　塩…小さじ½
ほうれんそう…½わ
◎B
　顆粒牛スープの素…小さじ⅓　★p.60参照
　ごま油…小さじ½
　塩…少々
にんじん…100g
◎C
　ごま油(太白)、塩…各少々
たくあん…60g
焼きのり…4枚
ごま油、白いりごま…各適量

作り方
1　焼きのりは1枚を十字に切って4等分にする。
2　ご飯は普通に炊いてAを混ぜる。
3　ほうれんそうは色よくゆでる。食べやすく切って水けをギュッと絞り、Bで調味する。
4　にんじんとたくあんはのりの幅に長さを合わせて切り、細切りにする。フライパンにCのごま油を中火で熱し、にんじんをサッと炒めて塩をふる。
5　巻きすにのりをのせて2を少なめに広げ、ほうれんそう、にんじん、たくあんを芯にしてギュッと巻く。残りも同様に巻く。のり巻きの表面に刷毛でごま油を塗り、ごまをふる。

じゃが芋のチヂミ

すりおろしたじゃが芋に、下味をつけた豚ばら肉や白菜キムチなどを加えて焼きます。粉類は加えず、すりおろしじゃが芋だけで生地を作るので、「男爵」などでんぷんの多い品種を使います。ひと口サイズで食べやすく、もちもちとした食感にキムチの酸味がよく合います。長ねぎやにんにくの効いた、ヤンニョムカンジャン（薬味酢じょうゆ）をかけていただきます。

材料 4人分
じゃが芋(男爵)…250g
豚ばら薄切り肉…50g
白菜キムチ…50g
細ねぎ…2本
糸唐辛子…少々
片栗粉…適量
塩…少々
ごま油…適量
◉下味調味料
　にんにくのすりおろし…少々
　白すりごま…小さじ½
　しょうゆ…大さじ½
　ごま油…小さじ1
◉ヤンニョンカンジャン(たれ)
　長ねぎのみじん切り…少々
　白すりごま…大さじ½
　にんにくのすりおろし…小さじ½
　韓国粉唐辛子(細びき)…小さじ½　★p.54参照
　しょうゆ…大さじ1½
　砂糖…小さじ½
　酢…小さじ2

作り方
1　じゃが芋は皮をむいて3分間水にさらす。
2　ボウルに目の細かいざる(できれば竹製がよい)を重ねた中に、じゃが芋をすりおろす。水けをきり、下のボウルにたまった水分はそのままにしておく。しばらくすると下にでんぷんがたまるので、上澄みは捨て、すりおろしたじゃが芋とでんぷんをボウルに入れる。
3　豚肉は2cm長さ程度に切り、下味調味料を加えて味をからませる。キムチもざく切りにして水けを絞る。細ねぎは斜め細切りにする。
4　2のボウルに3を入れ、水分が多いようなら片栗粉を加えて調節して、塩を入れて混ぜる。
5　ホットプレートかフライパンを熱して、ごま油を多めに熱し(中火程度で)、4を直径5cm程度の丸型に焼く。片面にきれいな焼き色がついたら、細ねぎと糸唐辛子をのせてひっくり返し、同様に焼き色をつける。器に盛って混ぜ合わせたヤンニョムカンジャンを添える。

ろく助塩

昆布と干ししいたけの旨みを加えた塩。普通より塩辛さがまろやかで、そのまま食べてもおいしいほど。料理に加えると味に深みが出ます。

コン グクス［豆乳スープ麺］

コン グクスは豆乳で作るあっさりとしたやさしい味わいの冷麺です。日本の冷やし中華のように、暑い季節に親しまれている料理。お店によって具材の違いはありますが、私はシンプルに、きゅうりのせん切りと白菜キムチを。スープとなる豆乳は、ぜひ成分無調整のものを。もし購入できるなら、お豆腐屋さんのできたて豆乳を使うと、なおおいしいと思います。

材料 2人分
半田そうめん…200g
きゅうり…1本
白いりごま…適量
白菜キムチ…適宜
●豆乳スープ
　豆乳(成分無調整)
　　…400㎖
　麺つゆ(2倍希釈)…小さじ2
　薄口しょうゆ…小さじ1弱
　白すりごま…大さじ2
　ろく助塩…小さじ½　★p.66参照

作り方
1　ボウルにスープの材料を混ぜ合わせ、冷蔵庫でよく冷やす。
2　きゅうりはせん切りにする。
3　そうめんはパッケージの表示通りにゆでて冷水に取り、よく洗って水けをきる。
4　器に3をきれいに盛りつけたら1のスープをかけ、きゅうりをのせてごまを散らし、好みでキムチを加えて混ぜて食べる。

台湾・中国料理

美食の街で知られる台湾と香港。いろいろ食べて味を比較して、一番好きだったお店の味に近づけた魯肉飯（ルーローハン）、台湾に行くと必ず食べる酸菜白肉鍋（スワンツァイパイロウ）、自宅で作りたくて、専用の鍋まで持ち帰った窩蛋牛肉煲仔飯（ボウジャイファン）など、教室でも人気の味を集めました。パクチー黒酢冷麺や、玉蜀黍（とうもろこし）の春巻きなど、台湾や香港の味にインスパイアされて作ったオリジナル料理もあります。

ディルの水餃子

ゆであがりはふわぁっとディルが香り立つ、さわやかな水餃子です。豚ひき肉の肉だねに混ぜたディルやセロリ、きゅうりなどの緑色が皮から透けて見えてきれい。野菜のシャキシャキした食感がアクセントの軽い味わいで、さっぱりとした酢じょうゆがよく合います。

材料 20〜24個分
餃子の皮…20〜24枚
豚ひき肉…150g
セロリ(葉つきのもの)…60g
きゅうり…½本
ディル…½パック
● A
　しょうがのすりおろし…小さじ1
　ごま油…大さじ1
　塩…小さじ½
● たれ
　しょうゆ…大さじ1
　酢…大さじ3
　粗びき黒こしょう…適量

作り方
1　セロリとディルは葉ごとみじん切りに、きゅうりは5mm角に切る。
2　ボウルに豚ひき肉とAを入れてよく練り、1も加えてさらに練る。
3　餃子の皮の縁に水をつけ、2を大さじ1ずつのせる。半月に折って、端を押しつけて口を閉じる。残りも同様に作る。
4　鍋に湯を沸かし、数回に分けて3を入れる。中火で3〜4分ゆでて、浮いてきたら湯をきって皿に盛り、たれの材料を混ぜて添える。

鶏ひき肉のスープ入り蒸し餃子

鶏ひき肉で作る肉だねに、鶏がらスープで作ったゼリーを混ぜて蒸しあげます。加熱するとゼリーが溶けて、口に入れると肉汁があふれ出し、小籠包(ショウロンポウ)のような味わいに。小さなせいろに入れて蒸して、たっぷりの針しょうがを添えて食べると、飲茶気分が味わえます。

材料 20〜24個分
餃子の皮…20〜24枚
鶏ひき肉…150g
玉ねぎ…30g
● A
　しょうゆ…小さじ2
　酒…小さじ1
　塩…小さじ¼
　こしょう、ごま油…各適量
● ゼリー
　鶏がらスープ(鶏がらスープの素小さじ¼を湯100mlで
　　溶いたもの)…100ml
　粉ゼラチン…5g
● たれ
　しょうがのせん切り…適量
　しょうゆ、酢…適量

作り方
1　鶏がらスープを小鍋に入れて強火にかけ、煮立ったら弱火にしてゼラチンを加えて溶かす。熱いうちに小さめのバットなどに流し、粗熱が取れたら冷蔵庫で冷やしてかための ゼリーを作る。かたまったら粗みじんに切る。
2　玉ねぎはみじん切りにする。
3　ボウルに鶏ひき肉とAを入れてよく練り、2と1も加えて手早く混ぜる。
4　餃子の皮の縁に水をつけ、3を大さじ1ずつのせて包む。残りも同様に作る。蒸気の上がった蒸し器に入れて、強火で6〜7分蒸す。たれを添えてつけながら食べる。

玉蜀黍の春巻き

チーズとからむ甘いコーン、中に入れた大葉の香り、カリッとした春巻きの皮の食感のコントラストがくせになるおいしさです。調味用のマヨネーズはぜひ「ベストマヨネーズ」で。やさしい味なのでコーンやチーズとの相性もよく、こくを与える役割もあります。とうもろこしの季節になったら、ぜひ生でも作ってみてください。格別のおいしさです。

材料 8本分

春巻きの皮…8枚
ホールコーン缶…200g
玉ねぎ(または新玉ねぎ)…⅙個
大葉…8枚
◎A
　ピザ用チーズ…80g
　ベストマヨネーズ…大さじ2　★p.76参照
　塩、こしょう…各少々
小麦粉水…適量
揚げ油…適量
すだち(またはライム)、塩…各適量

作り方

1　ホールコーンはざるに上げて水けをきる。ボウルに入れ、1cm角に切った玉ねぎ、Aも加えて混ぜ合わせる。

2　春巻きの皮に大葉1枚をのせ、等分にした1をのせてきっちり巻く。巻き終わりは小麦粉水をつけてとめる。残りも同様に作る。

3　揚げ油を180℃に熱し、2を入れてこんがりするまで揚げる。油をきって器に盛りつけ、塩とすだちを添える。

大根パイ

台湾で食べたとき、衝撃を受けるほどおいしかった味。せん切りにした大根を、干しえびや長ねぎとともに炒めて、冷凍パイシートで包んで焼きます。大根は繊維を断ち切るようにごく細いせん切りにして、やわらかくなるまでじっくり炒めると、水分が抜けてとろとろになり、甘みや旨みが増して格別の味に。干しえびの旨みも、香ばしく焼けたパイ生地との相性のいい一品です。

材料 4人分

大根…10cm
長ねぎ(白い部分)…½本
干しえび…大さじ2
冷凍パイシート…2枚
卵黄…1個分
◎A
　中華うまみ調味料(練りタイプ)…小さじ2
　湯…100mℓ
塩、こしょう…各少々
ごま油(太白)…適量
ごま油…少々

作り方

1　大根は皮をむいて繊維を断ち切るようにせん切りに、長ねぎはみじん切りにする。干しえびは湯で戻し、水けをきってみじん切りにする。オーブンは200℃に予熱しておく。

2　フライパンか中華鍋にごま油(太白)を中火で熱して、大根と干しえびをじっくり炒める。大根がやわらかくなったら、長ねぎとAを加えて汁けがなくなるまで炒め、塩、こしょう、ごま油で味を調える。

3　冷凍パイシートは扱いやすくなるまで自然解凍し、麺棒でのばして天板にのせる。上に2の半量を細長く置いてパイシートで包み、棒状に整える。同じものをもうひとつ作る。

4　3の表面に刷毛で卵黄を塗って200℃のオーブンに入れ、下の段で10分、上の段で5分焼く。食べやすく切って皿に盛る。

にらとピータンのひき肉炒め

中国料理ではおなじみの食材、ピータン。豚ひき肉や細かく切ったにらと合わせて炒め物にしました。味つけは豆鼓（トウチ）やしょうゆをベースに、唐辛子を加えてピリ辛に。炒めたピータンのプリッとした食感が楽しいおかず。白いご飯に合うのはもちろん、そうめんにのせてぶっかけにしたり、ラーメンと合わせても。

材料　4人分
豚ひき肉…100g
ピータン…2個
にら…150g
○A
　豆鼓（トウチ）…10g
　にんにく…2かけ
　鷹の爪…2本
しょうゆ…小さじ2
砂糖…小さじ½
ごま油…適量

作り方
1　ピータンは殻をむいて1cm角程度に切る。にらは1〜2cm長さに切り、にんにくはみじん切りに。鷹の爪は種を取って長さを4等分に切る。
2　中華鍋にごま油小さじ1を中火で熱し、Aを炒め、ひき肉も加えてパラパラになるまで炒める。
3　2にしょうゆと砂糖を加えてひと炒めし、ピータンを加えて炒める。最後ににらを加えてサッと炒め合わせ、仕上げにごま油少々をふる。

揚げピータンの香味だれ

片栗粉をつけて高温でサッと揚げたピータンは、むちっとした食感に。弾力やこくが増して、またひと味違ったおいしさが味わえます。長ねぎやしょうがにごま油を合わせたピリ辛の香味だれをかければ、お酒のおつまみにもなる副菜に。ご飯にも合います。

材料　4人分
ピータン…2個
片栗粉…適量
パクチーの葉…適量
○たれ
　A
　　長ねぎのみじん切り…大さじ1
　　しょうがのみじん切り…小さじ1
　　細ねぎの小口切り…小さじ2
　　鷹の爪の小口切り…適量
　ごま油(太白)…小さじ2
　しょうゆ…大さじ2
　砂糖…大さじ2
　酢…大さじ1
　黒酢…大さじ1

作り方
1　たれのAの材料をボウルに入れる。小鍋にごま油を入れて強火にかけ、煙が出るまで熱してAにまわしかける。たれのほかの材料も加えて混ぜる。
2　ピータンは殻をむき、縦4等分に切って全体に片栗粉をまぶす。
3　揚げ油を180℃に熱して2を揚げ、まわりがカリッとしてきたら網に上げて油をきる。器に盛って1をかけ、パクチーの葉をのせる。

魯肉飯［ルーローハン］

日本でも人気の高いルーローハン。いろいろなレシピがありますが、私の作り方は豚肉の部位を2種類使った、汁けの少ないドライなルーローハンです。豚ばら肉だけでは少し脂が強いので、やわらかで旨みの強い肩ロース肉も加えています。干しえび、長ねぎ、玉ねぎを炒めた旨みや甘み、五香粉の香り、黒砂糖のこくなどが豚肉にしみ込んで、複雑なおいしさになりました。白いご飯はもちろん、香りのよいジャスミンライスにかけても。

材料 作りやすい分量
豚ばらかたまり肉…250g
豚肩ロースかたまり肉（または豚ロースかたまり肉　とんかつ用）…150g
◉合わせ調味料
　A
　　玉ねぎ…⅓個
　　長ねぎ…½本
　　干しえび…10g
　　ごま油…大さじ1½
　にんにく…1かけ
　しょうが…30g
塩、粗びき黒こしょう…各適量
◉B
　五香粉…3g
　黒砂糖…大さじ3
　紹興酒…大さじ4
　しょうゆ…大さじ3
　水…500㎖
ゆで卵…4個
酢…小さじ1
ご飯…適宜

作り方

1　豚肉は5㎜角×3㎝長さの細切りにする。玉ねぎ、長ねぎ、にんにく、しょうがはみじん切りにする。干しえびはひたひたのぬるま湯でもどしてみじん切りにする。

2　合わせ調味料のAを鍋に入れて中火にかける。あまり触らずにときどき返しながら、玉ねぎが濃い茶色になるまで炒める。

3　2ににんにくとしょうがも加えて炒め、香りが立ったら豚肉を加えて炒める。肉の色が変わったら塩と粗びきこしょうも加えてサッと混ぜて火を止める。

4　3にBを上から順に加え、そのつど混ぜる。強火で煮立たせてあくを取り、ゆで卵も加える。ふたをずらしてのせてから弱火で1時間程度煮る（圧力鍋なら圧が上がって10分）。

5　煮汁が少なくなってきたら、最後に酢を加えてひと煮立ちさせる。器にご飯を盛り、肉と半分に切った卵をのせる。

ベストマヨネーズ

アメリカの加工食品メーカー、ベストフーズのマヨネーズ。日本のマヨネーズよりプリッとかため。酸味がまろやかで調理に使うとこくが出ます。

いんげんの唐辛子炒め

いんげんに、ザーサイや干しえびなどの旨み素材、ねぎやしょうがなどの香味野菜、唐辛子を合わせた炒め物です。おいしさの秘訣は、いんげんを揚げてから炒めること。揚げることで水分が抜けて味が濃くなり、食感もやわらかになって、味のからみがよくなります。揚げないとしわしわにならないので、ぜひひと手間かけて、このおいしさを味わってみてください。

材料 4人分
いんげん…200g
○A
　ザーサイ…20g
　干しえび…大さじ2
　長ねぎ…5〜6cm
　しょうが…小さじ1/2
　鷹の爪…適量
◎合わせ調味料
　しょうゆ…大さじ1弱
　砂糖…少々
　酒…大さじ1
　鶏がらスープ(鶏がらスープの素小さじ1/4を湯大さじ1 1/2
　で溶いたもの)…大さじ1 1/2
こしょう…少々
サラダ油(いんげん揚げ用)…適量
ごま油(太白)…適量
ごま油…少々

作り方
1　干しえびはぬるま湯で戻し、ザーサイは洗って水に放って軽く塩抜きする。いずれも長ねぎ、しょうがとともにみじん切りにする。鷹の爪は小口切りにする。
2　いんげんは水洗いして両端を切り落とし、半分の長さに切る。水けはよく拭く。
3　フライパンか中華なべに油を多めに入れて熱し、煙が立つくらい高温になったらいんげんを入れて油通しする。色鮮やかになったら引き上げて油をきる。
4　フライパンにごま油(太白)を熱してAを炒める。香りが立ったら3を加えてサッと炒め、合わせ調味料を加え、こしょうとごま油をふる。

酸菜白肉鍋［スワンツァイ バイロウ］

酸菜白肉鍋は保存食である発酵した白菜漬けを使った、中国の東北地方発祥とされる料理。薬味やたれで、好きな味にして食べるのが定番です。本場では塩漬けの豚肉を使いますが、手軽なしゃぶしゃぶ用の肉で代用。木綿豆腐は凍らせてから使うとスポンジ状になって味がよくしみます。たれに欠かせない紅腐乳は、塩辛く独特の発酵臭がありますが、旨みが強いのが特徴。発酵食品多めのこの鍋は、腸内環境にもよい健康鍋でもあります。

材料　4人分

熟成白菜漬け…500g　★下記参照
豚ばらしゃぶしゃぶ用肉…600g
牡蠣…8個
渡りがに…1杯
木綿豆腐…1丁
鶏がらスープ（鶏がらスープの素大さじ1を湯1ℓで溶いたもの）…大さじ1½
◉薬味とたれ
　長ねぎみじん切り、にんにくのすりおろし、しょうがのすりおろし、刻みパクチー、白ごまペースト、紅腐乳、豆板醤、しょうゆ、ごま油など…各適量
　★下記参照
ご飯…適宜

作り方

1　熟成白菜漬けは細切りにする（刻んであるものはそのままでよい）。

2　木綿豆腐は冷凍庫で凍らせる。解凍し、手の平でギュッとはさんで水けを絞り、ひと口大に切る。

3　豚肉は食べやすい長さに切る。牡蠣は塩少々（分量外）で軽くもんでから水洗いし、キッチンペーパーで水けをしっかり拭く。かにはサッとゆでて食べやすく切る。具材と薬味はそれぞれ器に盛る。

4　土鍋に鶏がらスープを沸かして1と3を加えて煮る。途中で2も加える。

5　たれの材料も器に入れる。基本のたれとして長ねぎのみじん切り小さじ1、紅腐乳小さじ¼、しょうゆ小さじ1弱を鍋のスープ大さじ1で溶き、具材をつけながら食べるのがおすすめ。好みでそのほかの調味料や薬味を足すのもよい。

6　〆は残ったたれと長ねぎのみじん切りをご飯にのせ、スープをかけたスープかけご飯がおいしい。

熟成白菜漬け

「酸菜白肉鍋」には欠かせないのが台湾の熟成白菜漬け。日本の白菜の古漬けより塩味と酸味もおだやかで、深い旨みがあります。

紅腐乳

豆腐に紅麹をつけ、塩水に漬けて作る発酵食品。チーズのようなねっとりとした食感で、強い塩味と奥深い旨みがあります。「酸白菜鍋」には欠かせません。

鎮江香醋

もち米から作られる中国黒酢。半年以上熟成して作られるため、通常の酢のようなツンとした刺激臭がなく、深みのある酸味が特徴です。

窩蛋牛肉煲仔飯［ボウジャイファン］

ボージャイ飯とは、専用の素焼きの土鍋で作る中国の土鍋ご飯。タイ米と、叩いてミンチ状にした牛赤身肉を合わせて作ります。写真で使っているのは、私が香港から持ち帰ってきたボージャイ鍋。仕上げにのせた黄身をくずして、ご飯と肉を上下に返せばできあがり。お好みで、途中でたれをかけて味変しても。肉の下味やたれに使う老抽という中国広東省名産のたまりじょうゆが、まろやかで深みのあるおいしさを生み出します。

材料　2合分

タイ米…2合
水…米と同量
ごま油(太白)…小さじ2
塩…適量
◎肉だね
　牛赤身肉…160g
　A
　　しょうゆ…小さじ4
　　老抽…小さじ1
　B
　　片栗粉…小さじ4
　　砂糖…ひとつまみ
　　水…大さじ2
　卵白…2個分
　ごま油…適量
　こしょう…適量
卵黄…2個分
細ねぎ…適量
◎たれ
　生抽(または薄口しょうゆ)…大さじ2　★下記参照
　老抽…大さじ1　★下記参照
　砂糖…小さじ½

作り方

1　タイ米はサッと洗ってざるに上げておく。

2　たれの材料を混ぜる。

3　肉だねの牛肉は粗く叩いてミンチ状にし、ボウルに入れる。Aを加えてよく混ぜ、Bも加えて混ぜる。卵白をつのが立つまで泡立てて、肉だねに加えて粘りが出るまで混ぜる。ごま油、こしょうも加えてさらに混ぜる。

4　ボージャイ鍋(または土鍋)に米、水、ごま油(太白)、塩を入れて軽く混ぜる。ふたをして強火にかけ、沸騰したら弱火にして7〜8分くらい炊く。ご飯の表面に穴が開いてきたら、3を平らにのせる。中央をくぼませて、ふたをしてさらに6分弱火にかける。

5　仕上げに火加減を強めの中火にして、火のあたりが均等になるよう、土鍋をまわしながら加熱しておこげを作る。香ばしい香りがしてきたら火を止め、そのまま5分蒸らす。ふたを開けて中央に卵黄をのせ、小口切りにした細ねぎを散らし、よく混ぜて茶碗に盛る。好みでたれをかけて食べる。

**老抽王
（ラオチュウワン）**

中国広東省名産のたまりじょうゆで、深みのある赤褐色とまろやかな甘みが特徴です。中国料理の色づけなどにも使われます。

生抽

中国のしょうゆ。日本の薄口しょうゆと似た味で、香りや味がおだやかです。薄い色で素材の彩りなどを生かす料理に使われます。

パクチー黒酢冷麺

味の決め手は中国黒酢を使ったスープ。鎮江香醋（ちんこうこうず）という中国江蘇省鎮江市が産地の黒酢で、中国の三大名酢と言われるほど有名です。酸味がまろやかで、味に深みがあるのが特徴。さわやかなレモンともよく合います。お店で食べるような味になるので、ぜひ試してみてください。

材料　4人分

中華麺（細）…4玉
パクチー…4株
きゅうり…1本
レモンの薄切り…4枚
白いりごま…適量

◉スープ

しょうゆ…90㎖
中国黒酢（鎮江香醋がよい）…大さじ4　　★p.80参照
砂糖…30g
レモン汁…30㎖
鶏がらスープ（鶏がらスープの素小さじ1を水200㎖で
　溶いたもの）…200㎖
花椒（ホワジャオ）…適量
ごま油、ラー油…各大さじ1½
塩…少々

作り方

1　パクチーはざっくりと葉をちぎって冷水に放つ。茎は細かく刻む。きゅうりはせん切りにする。

2　スープの材料を混ぜて冷蔵庫で冷やしておく。

3　中華麺はパッケージの表示通りにゆでて冷水に取り、しっかり水けをきって器に盛る。

4　3にきゅうり、水けをしっかりきったパクチーの葉、茎をのせ、2をかける。ごまをふってレモンの輪切りを添える。

シンガポール・マレーシア料理

シンガポールは娘が就職したのをきっかけに、そしてマレーシアは
ゴルフをするために訪れるようになりました。もともとは同じ国で、
シンガポールはマレーシアから独立した歴史があるので、使う食材
や料理にも共通点があります。マレーシアは多民族国家で、ヨーロ
ッパや中国、インドなどの文化がミックスしている国。その影響が
料理にも表れています。

肉骨茶［バクテー］

シンガポールやマレーシアではお馴染みのスープで、骨つき肉をたっぷりのスパイスと一緒に煮込んで作ります。味つけはお店や家庭によって違いがあり、このレシピはシンガポールの好きなお店の味を再現したもの。スパイスがたっぷり入っていて、食べると汗が出るほど体があたたまる、滋味深い味です。ウスターソースの原点である「リーペリンウスターソース」は、私のバクテーレシピには欠かせません。スープは飲んで、肉はたれにつけるのが本場の食べ方です。

材料　4人分
スペアリブ…500g
にんにく…1玉
◉A
　白粒こしょう…30粒
　シナモン（スティック）…3cm
　八角…1個
　カルダモン（ホール）…2個
　クローブ（ホール）…2個
　しょうがの薄切り…2かけ分
水…2ℓ
◉B
　薄口しょうゆ…大さじ2
　オイスターソース…大さじ1
　ウスターソース…大さじ1　★下記参照
　塩、テーブルこしょう…各適量
　（テーブルこしょうはたっぷり入れるとよい）
◉たれ
　老抽王…適量　★p.83参照
　生赤唐辛子の小口切り…適量

作り方
1　スペアリブはたっぷりの湯でゆでこぼし、流水で洗ってから鍋に入れる。
2　にんにくは皮をむいてだしパック用の小袋に入れる。Aもだしパック用の小袋にまとめて入れる。
3　1に水を注ぎ入れ、2を加えて中火にかける。煮立ったらごく弱火にし、あくをすくいながら2時間以上コトコト煮る。水が減ったらそのたびに足す。
4　3にBを加え、弱火で30分～1時間煮る。器に盛り、たれを添える。肉はたれにつけながら食べる。

リーペリンウスターソース

ウスターソースの原点と言われるイギリス生まれのソース。日本のウスターソースより酸味が強く、甘みは控えめ。アンチョビやスパイスが入って深い旨みが。

アヤムゴレンとナシレマのワンプレート

アヤムゴレンは骨つきの揚げ鶏。ナシレマは、ジャスミンライスにココナッツミルクやレモングラスを加えて炊いたご飯です。ワンプレートに盛り合わせたものは、マレーシアやシンガポールの食堂の人気メニューで、いろいろなトッピングを添えて、混ぜて食べます。アヤムゴレンは調味料で煮込んでから揚げているので、カリッと風味のよい仕上がりに。ナシレマはピーナッツや煮干しなどのトッピングも食感のアクセントになり、食が進みます。

アヤムゴレン（インドネシア風揚げ鶏）

材料 4人分
鶏骨つきぶつ切り肉…500g
塩…大さじ1
◉下味調味料
　にんにく…2かけ
　赤玉ねぎ…½個
　カー（タイのしょうが）…ひとかけ
　ターメリック（パウダー）…小さじ2
　コリアンダー（シード）…大さじ1
生レモングラス…1本
生バイマックルー…2枚
サラダ油…適量
揚げ油…適量

作り方
1　ミキサーかフードプロセッサーに下味調味料と塩（分量の塩からふたつまみ程度を取って加える）を入れ、ペースト状になるまで攪拌する。ペーストには残りの塩も加えて混ぜる。
2　ボウルに鶏肉を入れて1をすり込み、よく味をなじませる。
3　フライパンに油少々を入れて中火にかけ、2を入れてひたひたより少なめの水を加える。レモングラスは長ければ15cm長さ程度に切り、バイマックルーとともに鍋に加える。強火で煮汁がなくなるまでひっくり返しながら煮る。
4　3の煮汁がなくなったらざるに上げて水けをきる。しっかり乾いたらペーパータオルで水けを拭き取り、180℃に熱した油でこんがりするまで揚げる。

ナシレマ（ココナッツミルクの炊き込みご飯）

材料 4人分
ジャスミンライス…2合
◉A
　生レモングラス…1本
　パンダンリーフ…1枚
　ココナッツミルク…250ml
　塩…小さじ½
ピーナッツ…大さじ1
◉B
　煮干し（小さめのもの）…30尾
　玉ねぎ（薄切り）…⅛個
　サンバル…大さじ1　★p.90参照
　トマトケチャップ…大さじ2
　ココナッツパウダー…大さじ1
　老抽王…小さじ1　★p.83参照
サラダ油…適量
揚げ油…適量
◉つけ合わせ
　ゆで卵、パクチーの葉、マナオなど…各適量

作り方
1　ジャスミンライスはサッと水洗いして水けをきる。レモングラスはつぶしてざく切りにする。炊飯器に米とAを入れて、2合の目盛りまで水を注いで普通に炊く。
2　ピーナッツは油少々を引いたフライパンで中火で炒めて取り出す。
3　煮干しは素揚げをして油をきる。2のフライパンに油少々を足し、Bの薄切りにした玉ねぎを中強火で炒める。煮干しとBのほかの材料を加えてサッと炒める。
4　1を器に盛り、アヤムゴレンをのせ、2のピーナッツ、3やつけ合わせを添える。

ラクサレマ

「ラクサ」とはマレーシアやシンガポール、インドネシアなどで日常的に食べられている麺料理のこと。ラクサレマは、しょうがなどの香味野菜やスパイスをココナッツミルクベースのスープに加えた、甘みと辛みが複雑に絡み合うスパイシーな味が特徴です。トッピングに添えたゆで卵が辛みをマイルドに。東南アジアへの旅気分を味わえる一皿です。

材料 4人分

中華麺(または中太のビーフン)…4玉
殻つきえび…8尾
油揚げ…2枚
さつま揚げ…適量
もやし…適量
ゆで卵…1個
◎スープ用合わせ調味料
　A
　　玉ねぎ…½個
　　にんにく…3かけ
　　しょうが…5g
　　カー(タイのしょうが)…20g
　　ブラチャン(またはガピ)…小さじ1　★p.28参照
　　コリアンダー(シード)…小さじ2
　　ターメリック(パウダー)…小さじ1
　　カレー粉…小さじ1
　　チリパウダー…大さじ2
　　砂糖…大さじ1
　　塩…少々
　　サラダ油…60ml
　B
　　干しえび…大さじ4
　　ココナッツミルク…1ℓ
　　鶏がらスープ(鶏がらスープの素大さじ1を湯1ℓで
　　　溶いたもの)…1ℓ
サンバル…適量　★右参照
ナムプラー…適量
パクチーの葉…適量
マナオ(またはレモンかすだち)…適量

作り方

1　玉ねぎ、にんにく、しょうがはざく切りにし、スープ用合わせ調味料のAのほかの材料と合わせて、ミキサーかフードプロセッサーにかけてペースト状になるまで撹拌する。

2　干しえびはぬるま湯で戻し、Bのほかの材料とミキサーかフードプロセッサーにかける。

3　えびは殻をむいて背わたを取り、油揚げとさつま揚げは食べやすく切る。もやしはサッとゆでる。

4　1を鍋に入れて中火にかけ、油が浮いてくるまで炒める(熱くなってくるとはねるので注意する)。充分に炒めたら、2も加えて煮立つまで煮る。えび、油揚げ、さつま揚げをサッと煮て取り出し、サンバルを加えて、ナムプラーで味を調える。

5　麺をパッケージの表示通りにゆでてざるに上げ、器に盛る。えび、油揚げ、さつま揚げ、4等分にしたゆで卵、もやしをトッピングして、熱々の4のスープをかけて、葉をちぎったパクチーと半分に切ったマナオを添える。

サンバル

唐辛子や玉ねぎ、にんにく、トラシ(えびの発酵調味料)、トマトなどを使った旨み調味料。辛みの強いものから甘いものまでさまざまな味があり、ナシレマには欠かせません。

ペーパーチキン

ペーパーチキンはシンガポールの老舗レストラン「ヒルマン」の名物料理。しょうゆとしょうがをベースにしたたれに鶏肉を漬け込み、紙に包んで揚げ焼きして作ります。そうすることで旨みや水分が逃げず、味がしみてジューシーな仕上がりに。包みを開いて汁ごとジャスミンライスにのせると、旨みが凝縮された肉汁が余すところなくご飯にしみわたり、最高のごちそうになります。

材料　4人分
鶏もも肉…300ｇ
長ねぎ…⅔本
◉下味調味料
　しょうがのすりおろし…大さじ1½
　オイスターソース…小さじ1弱
　しょうゆ…大さじ1強
　酒…小さじ2
　砂糖…小さじ½
　塩、こしょう…各適量
サラダ油…適量
ジャスミンライス…適宜

作り方
1　鶏肉は余分な皮や筋を取り除き、ひと口大に切る。長ねぎは斜め薄切りにする。
2　ボウルに下味用調味料を合わせ、1を入れて1～2時間冷蔵庫に入れて漬けておく。
3　クッキングペーパーを20cm角に切る。真ん中に長ねぎを置き、その上に鶏肉をのせる。中の汁けが漏れないよう、上下の端を合わせて1cm幅程度に2回折り、両端は上下を三角に折ってから、キャンディを包むようにねじる。
4　フライパンに3を並べ、包みが2cm浸る程度油を注ぎ、ぴったりとふたをして強めの中火にかける。油があたたまってきたら中火にし、6分蒸し焼きにする。上下を返してさらに2分加熱し、包みが膨らんできたらできあがり（ふたを取るときは、斜めにすると油に水滴が落ちて危ないので、そっと水平にスライドさせるようにはずす）。
5　紙からはずして器に盛る。ジャスミンライスに汁ごとのせて食べるとおいしい。

アイスカチャン

シンガポールやマレーシアなどで人気のかき氷です。「カチャン」とは豆のことで、ゆで小豆や甘く煮た豆をたっぷり添えて食べるのです。豆のほかに好きなフルーツを添えたり、刻んだコーンやピーナッツも加えると、食感のアクセントになっておすすめです。分量はすべてお好みで、好きな具材を好きなだけ添えてどうぞ。私は「YukiYuki2」というかき氷器を愛用しています。雪のようにふわふわと繊細な氷が削れます。

材料　4人分
氷…適量
ゆで小豆(缶詰)…適量
豆甘煮(缶詰)…200ｇ
マンゴー(生でも缶詰でもよい)…適量
ホールコーン(生でも缶詰でもいい)…大さじ4
ナタデココ(水煮)…100ｇ
ピーナッツ…適宜
コンデンスミルク…大さじ4
黒砂糖…適宜

作り方
1　氷はかき氷器などでかき氷にする。マンゴーは食べやすく切り、ホールコーンやピーナッツも好みの大きさに刻む。
2　器にかき氷を入れ、好みの具材を好きなだけ盛り、コンデンスミルクをかける。好みで黒砂糖をふる。

アジア料理でおなじみのハーブ

料理の味に大きく影響するハーブたちは、信頼を寄せている千葉の農家、「テラ・マードレ」さんから取り寄せています。国産なので新鮮ですし、大切に育てている愛情が伝わる味のよさに惚れ込んでいます。

パクチー

タイやベトナム、中国やメキシコなどの料理には欠かせません。葉や茎はハーブや葉野菜として、そして根は刻んで炒め物のベースなどに使う、捨てるところのない野菜です。
掲載　P8、12、16、18、20、27、30、36、40、44、46、48、74、80、84、88、90

レモングラス

レモンのような香りが特徴のイネ科のハーブ。根から茎にかけてを料理に、緑の葉の部分をハーブティーなどに使います。特に生のレモングラスの香りは格別。東南アジア系の食材を扱う輸入食品のスーパーなどで入手できます。
掲載　P11、18、46、48、88

バイマックルー

タイ語でこぶみかんの葉を意味し、トムヤムクンに使われることで有名。柑橘系のさわやかな芳香を放つハーブで、タイやベトナムなど東南アジアの料理の風味づけに使われます。葉がかためなので食べるときは細かく刻んで。
掲載　P12、18、88

ガパオ

ガパオとはタイ語でホーリーバジルのこと。パットガパオとは直訳すると「バジル炒め」を意味します。ホーリーバジルはバジルの一種で、とても香りが強く、ミントのような清涼感もあるのが特徴です。
掲載　P22

カー

タイのしょうが「カー」はショウガ科の植物で、主に根や茎をスパイスとして使用します。日本のしょうがよりもかたいので、食べるより風味づけに使われることが多い食材。肉や魚の臭みを抑える効果もあります。
掲載　P88、90

パクパイ

ベトナムミント。パクチーと混同されがちですが、パクチーはセリ科、パクパイはタデ科です。ベトナム料理のスープなどに使用し、その香りを楽しみます。ほんのりとした苦味があります。
掲載　P44

パンダンリーフ

甘い香りと、鮮やかな緑色が特徴。料理やスイーツの香りづけや色づけに使われるハーブです。食べるより風味づけに使われています。甘い香りは「東洋のバニラ」とも言われるほど。
掲載　P88

ホーラパー

ホーラパーもバジルの一種。ガパオに比べると、華やかでやさしい香りが特徴で、生葉を料理に使います。特に欠かせないのはグリーンカレー。加えることで、格段に風味がよくなります。

バイチャプルー

タイやベトナム料理に欠かせないガーブ。ハイゴショウの葉で、小さくカットした具材をバイチャプルーで巻き甘いたれをつけるミカンヤムはタイの屋台でおなじみの一品です。

ガチャイ

グラチャーイとも呼ばれるショウガ科の植物。タイでは主に臭いが気になる魚料理などに使います。日本のしょうがに似た辛味と香りがします。

メンラック

別名レモンバジルと呼ばれる、レモンの香りのするバジル。さわやかな香りで魚料理や鶏料理のおいしさを引き立てます。

塩川純佳 しおかわ・じゅんこ

東京都生まれ。料理研究家。料理教室
「J's Kitchen」主宰。ジャンルを問わず、
世界各国の料理をオリジナルにアレン
ジしたレシピを考案し、雑誌、広告、
企業のレシピサイトや新店の立ち上げ
など幅広く活躍。
趣味は食べ歩き。おいしいものがある
と聞けば、世界中どこへでも足を運ぶ。
おいしいものに出合うと、そのレシピ
を探求せずにはいられない。自宅で現
地(お店)の味を再現する腕前には定評
があり、特に、20代より頻繁に訪れて
いるタイを中心にした東南アジア料理
のレシピは、家庭料理のレベルを超え
た完成度と、料理教室で人気が高い。

写真　伊藤徹也

デザイン　若山嘉代子 L'espace

スタイリング　城 素穂

料理アシスタント　高松玲子・奥谷みどり

編集協力　内田いつ子

食材協力　株式会社テラ・マードレ

スタイリング協力　UTUWA

旅する J's Kitchen アジア料理編
<small>たび　　　ジェイズ　キッチン　　　　　　りょうりへん</small>

2024年2月27日　第一刷発行

著者　塩川純佳
　　　しおかわじゅんこ

発行者　堺 公江
発行所　株式会社講談社エディトリアル
〒112-0013
東京都文京区音羽1-17-18　護国寺SIAビル6階
編集　03-5319-2171
販売　03-6902-1022
印刷・製本　大日本印刷株式会社